W0195930

ANTON BIRKLBAUER

DON
BOSCO

EIN LEBEN FÜR
JUNGE MENSCHEN

Gerne nehmen wir Ihre Anregungen, Wünsche, Kritik
oder Fragen entgegen:
Don Bosco Medien GmbH, Sieboldstraße 11, 81669 München
anregungen@donbosco-medien.de
Servicetelefon: 089 48008-341

Bibliografische Information der Deutschen Nationalbibliothek

Die Deutsche Nationalbibliothek verzeichnet diese Publikation in der
Deutschen Nationalbibliografie; detaillierte bibliografische Daten sind
im Internet über http://dnb.d-nb.de abrufbar.

Die vorliegende Publikation ist eine komplett überarbeitete Neuauflage
des 1987 erschienenen Werks „Don Bosco. Ein Leben für die Jugend"
(Don Bosco Verlag, München, ISBN 3-7698-0566-6).

1. Auflage 2015 / ISBN 978-3-7698-2170-3
© 2015 Don Bosco Medien GmbH, München
www.donbosco-medien.de
Umschlag: ReclameBüro, München
Layout Innenteil: Petra Hinterberger, das-grafikbüro.de
Lektorat: UNGER-KUNZ. Lektorat und Redaktionsbüro
Satz: Don Bosco Medien GmbH, München
Druck: GrafikMediaProduktionsmanagement, Köln

Gedruckt in Polen

Inhalt

Vorwort zur Erstauflage

Die vorliegende Kurzbiografie möchte mit dem großen Erzieher und Jugendseelsorger Johannes Bosco bekannt machen, der vor 100 Jahren gestorben ist.

Don Bosco stand in seinem Leben immer neu vor Situationen, in denen er nach dem Willen Gottes zu fragen und den rechten Weg zu suchen hatte. Er durfte aber auch in vielfacher Weise die Führung Gottes erfahren. Beides kommt in seinem Wort zum Ausdruck: „Ich bin immer so vorgegangen, wie Gott es mir eingab und die Umstände es erforderten." Das nachstehende Lebensbild versucht, vor allem diese Seite des Heiligen herauszustellen. Aufgrund der gebotenen Kürze blieb wenig Raum für konkrete Beispiele, an denen die 19 Bände umfassende Lebensbeschreibung des Heiligen, die „Memorie Biografiche di San Giovanni Bosco", so reich sind. Doch kommt Don Bosco wiederholt selbst zu Wort. Die Aussagen, mit denen er im vorliegenden Buch in Ichform zitiert wird, sind seiner autobiografischen Schrift „Memorie dell'Oratorio di San Francesco di Sales", den „Erinnerungen an das Oratorium des hl. Franz von Sales", entnommen, in der er seine Kindheit und die Entwicklung seines Jugendwerks bis 1855 beschreibt.

Don Bosco wird heute mit den großen Gründerpersönlichkeiten, wie Benedikt von Nursia, Franz von Assisi, Ignatius von Loyola und Teresa von Ávila, auf eine Stufe gestellt. Sein Charisma ist ein Geschenk an die Kirche. Er ist geistlicher Vater einer großen, weltweiten Familie. Selbstverständlich sind – wie bei allen Heiligenbiografien – auch in der nachfolgenden Lebensskizze die Frömmigkeitsformen, die Spiritualität und die Gebetsweisen der jeweiligen Zeit zu berücksichtigen.

Johannes Paul II. sagte 1983 in Wien: „Ein Heiliger ist durch sein Leben und Sterben eine Übersetzung des Evangeliums für sein Land und seine Zeit." Möge diese Schrift, 100 Jahre nach dem Tod Don Boscos, viele Menschen dazu anregen, diesen Heiligen noch besser kennenzulernen, und möge er ihnen helfen, das Evangelium in ihrer je eigenen Art in unsere Zeit zu übersetzen, vor allem zum Wohl der Jugend.

P. Anton Birklbauer SDB

Vorwort zur Neuauflage

Die vorliegende Schrift wurde seinerzeit mit Blick auf den 100. Todestag Don Boscos abgefasst. Sie stellt ein lebendiges Porträt des Turiner Jugendapostels Johannes Bosco dar. Hiermit soll dem oft geäußerten Wunsch Rechnung getragen werden, die kleine Schrift, die sich durch Konkretheit und Verständlichkeit auszeichnet, neu zugänglich zu machen. Der 200. Geburtstag des hl. Johannes Bosco im Jahre 2015 ist ein guter Anlass dazu.

P. Anton Birklbauer hat mit seiner Lebensskizze schon vielen Lesern einen ersten Zugang zur Person und zum Werk Don Boscos eröffnet. Für die Neuauflage wurde der Text sprachlich grundlegend überarbeitet und an verschiedenen Stellen ergänzt und aktualisiert.

„Ich möchte euch zeitlich und ewig glücklich sehen", sagte Don Bosco seinen Jugendlichen. Möge dieses kleine Büchlein viele dazu ermutigen, sich, wie er, im Geist des Evangeliums für eine gerechtere Welt einzusetzen, in der junge Menschen einen Platz haben, besonders die benachteiligten und ausgegrenzten unter ihnen.

P. Reinhard Gesing SDB

Kindheit und Jugend
(1815–1835)

Heimat und Kinderstube

Mit Datum vom 17. August 1815 ist im Taufbuch von Castelnuovo d'Asti die Taufe eines Jungen aus dem Weiler Becchi eingetragen. Der Junge wurde auf den Namen Johannes Melchior getauft. Es war der Tag nach dessen Geburt gewesen, an dem sein Vater, der Bauer Franz Bosco (1784–1817), zu diesem Zweck den fünf Kilometer langen Weg von Becchi zum Pfarrdorf gegangen war. Castelnuovo d'Asti, heute „Castelnuovo Don Bosco" genannt, liegt circa 30 Kilometer östlich von Turin, nahe bei Chieri. Die Landschaft ist hügelig und wirkt in ihrer Vielfalt sehr lebendig, saftige Wiesen wechseln mit fruchtbaren Feldern und ertragreichen Weinbergen.

Franz Bosco hatte eine Landwirtschaft in Pacht. Nach dem Tod seiner ersten Frau hatte er am 6. Juni 1812 Margareta Occhiena (1788–1856) geheiratet. In diese zweite Ehe hatte er seinen damals dreijährigen Sohn Anton (1808–1849) und seine halbseitig gelähmte Mutter mitgebracht. Margareta schenkte ihm zwei weitere Jungen: Josef, der 1813 geboren wurde, und als jüngsten Sohn Johannes.

Die Boscos waren einfache, gläubige und arbeitsame Leute. Sie lebten bescheiden, standen mit beiden Füßen mitten im Leben und bejahten es auch. Im Jahre 1817 konnte der Vater ein eigenes Anwesen erwerben. Ein

Stück Land und ein Haus mit einigen Kammern, einem Heuboden und einem Stall für zwei Kühe und ein Kalb waren nun Eigentum der Familie Bosco. Aber noch bevor man einziehen konnte, starb der Vater am 11. Mai 1817 ganz plötzlich an einer Lungenentzündung. Johannes war damals noch nicht einmal zwei Jahre alt! In seinen „Erinnerungen" sagt Don Bosco später dazu: „Das ist das erste Ereignis in meinem Leben, das ich im Gedächtnis behalten habe. In diesem Alter konnte ich gewiss noch nicht begreifen, welch ein großes Unglück der Verlust des Vaters ist." Die Mutter erzählte ihrem Johannes: „Als dein Vater im Sterben lag, sagte er mir: ‚Du musst Vertrauen auf Gott haben.'"

Das Elternhaus Johannes Boscos in Becchi, heute Colle Don Bosco

1817 wurde überhaupt ein sehr schweres Jahr für die Familie Bosco, aber Mutter Margareta besaß dieses große Gottvertrauen. Die 29-jährige Witwe trug nun alleine die Sorge für die ganze Familie. Das neu erworbene Anwesen sollte hergerichtet und bezogen werden; doch eine große Trockenheit brachte eine Missernte. Die Lebensmittelpreise stiegen sprunghaft an und es gab damals fast nichts zu kaufen. Der Hunger war sehr groß. Don Bosco erzählt: „Die Mutter hatte einen befreundeten Nachbarn mit Geld geschickt, um Lebensmittel zu kaufen. Er konnte aber nichts bekommen. So lud sie uns ein, niederzuknien und zu beten. Dann schlachtete man mithilfe des Nachbarn das Kalb, kochte sogleich ein Stück Fleisch, und so konnten wir den ärgsten Hunger stillen. Für die folgenden Tage konnte man dann von weit her um teures Geld Getreide besorgen.“

Margareta war eine tüchtige und schöne Frau. Doch erneute Heiratsanträge hat sie immer wieder abgelehnt. Man versprach ihr, die Söhne einem Vormund anzuvertrauen. Sie aber sagte: „Sterbend hat mir mein Mann die drei Söhne anvertraut. Ich wäre eine grausame Mutter, wollte ich sie in einer Zeit verlassen, in der sie mich am meisten brauchen. Und außerdem: Ein Vormund ist ein Freund, ich aber bin die Mutter.“

Wie Mutter Margareta selbst ein großes Gottvertrauen hatte, so wollte sie auch ihre Kinder dazu anleiten, Gottes Güte, Allmacht und Allgegenwart mit hineinzunehmen in ihr Leben. Nicht große Reden vertieften den Glauben in den Herzen der Kinder, sondern kurze Hinweise, wie sie sich aus dem Alltag ergaben. Täglich betete die Mutter mit den Kindern, deren Gewissen sie vor allem durch ihr eigenes Beispiel bildete. Mutter Margareta war gerecht und beherrscht, nie zornig oder launisch, hilfsbereit gegenüber Armen und Kranken und auch immer freundlich zu ihrer Schwiegermutter. Vor allem aber wies sie wiederholt auf die Gegenwart des gütigen und liebenden Vatergottes hin.

Früh schon wurden die Kinder auch zur Arbeit herangezogen. Johannes Bosco schreibt später: „Ihre größte Sorge war es, die Söhne in der Religion zu unterweisen, sie zum Gehorsam anzuleiten und sie mit Dingen zu beschäftigen, die mit ihrem Alter vereinbar waren. Solange ich klein war, lehrte sie selbst mich beten; kaum war ich fähig, mich meinen Brüdern anzuschließen, ließ sie mich morgens und abends mit ihnen niederknien und wir alle verrichteten gemeinsam die Gebete und einen Rosenkranz."

Seiner Natur nach war Johannes ursprünglich nicht der Gütige und Geduldige, wie wir ihn kennen. Was den Charakter angeht, war sein Bruder Josef viel einfacher und gutmütiger. Johannes neigte zum Stolz. Sein starker Wille, seine Intelligenz und sein großartiges Gedächtnis bestärkten ihn in dieser Haltung. Ältere Zeugnisse beschreiben Johannes als einen eher strengen, etwas schweigsamen und misstrauischen Jungen. Fremden wollte er keinen Zugang zu seiner Familie zubilligen, er ließ sich nicht liebkosen, sprach wenig und war ein aufmerksamer Beobachter. „Ich war noch ein kleiner Knirps," so berichtet Don Bosco später, „da studierte ich schon den Charakter meiner Kameraden. Wenn ich jemandem scharf ins Gesicht blickte, erkannte ich meist die Pläne, die er im Herzen trug."

Einige der Zeugenaussagen beim späteren Seligsprechungsprozess ließen neben Don Boscos großartigen Fähigkeiten und Eigenschaften auch bestimmte andere Grundhaltungen anklingen. Sein Heimatpfarrer, Don

Pietro Antonio Cinzano (1805–1870), nannte ihn einen „extravaganten Dickkopf". Der Salesianerkardinal Giovanni Cagliero (1838–1926), der ebenfalls aus Castelnuovo stammte, sagte, sein Temperament sei „feurig und aufbrausend" gewesen, sodass er Widerstand nicht gut habe ertragen können. Und Don Giovanni Giacomelli (1820–1901), einer seiner besten Freunde im Seminar und sein späterer langjähriger Beichtvater, erinnerte sich: „Man verstehe, wie sehr er ohne die Tugend vom Zorn übermannt worden wäre. Keiner von uns Seminaristen, und wir waren viele, neigte so zum Zorn wie er."

Der Traum mit neun Jahren

Die ersten und entscheidenden Schritte auf dem Weg zur Tugend machte Johannes in der Schule seiner Mutter. Bedeutsam für seine weitere Formung und für seinen späteren Lebensweg wurde ein Traum, den er im Alter von neun Jahren hatte. Bezugnehmend auf seinen zum Jähzorn neigenden Charakter und sein Bestreben, Jungen um sich zu sammeln, zeigte dieser Traum dem Neunjährigen seine Lebensaufgabe, sein Arbeitsfeld und seine künftige Arbeitsmethode.

Don Bosco erzählt dazu später: „In jenem Alter hatte ich einen Traum, der mir während meines ganzen Lebens tief eingeprägt blieb. Ich befand mich in einem großen Hof, in der Nähe meines Elternhauses, wo eine große Jungenschar versammelt war. Einige lachten, andere spielten und viele fluchten. Als ich das Fluchen hörte, stürzte ich mich auf sie und versuchte, sie mit Schlägen und harten Worten zum Schweigen zu bringen.

Da erschien ein vornehm gekleideter Herr in reifem Alter und mit strahlendem Gesicht. Er nannte mich beim Namen, befahl mir, mich an die Spitze der Kinder zu stellen, und sagte: ‚Nicht mit Schlägen, sondern durch Sanftmut und Liebe wirst du sie zu Freunden gewinnen. Fange sofort an, sie über die Hässlichkeit der Sünde und den Wert der Tugend zu belehren.‘ Verwirrt und erschrocken antwortete ich, dass ich ein armes und unwissendes Kind sei, unfähig, zu diesen Jungen über Religion zu sprechen. ‚Eben weil es dir unmöglich erscheint, musst du es möglich machen durch Gehorsam und dadurch, dass du dir Wissen aneignest.‘ ‚Wo und mit welchen Mitteln kann ich mir Wissen aneignen?‘ ‚Ich werde dir eine Lehrmeisterin geben.‘ ‚Aber wer seid Ihr, dass Ihr in dieser Art mit mir reden könnt?‘ ‚Ich bin der Sohn derjenigen Frau, die dreimal am Tag zu grüßen deine Mutter dich gelehrt hat.‘

Da sah ich neben dem Herrn eine majestätisch aussehende Frau in einem herrlich glänzenden Mantel. Sie merkte, dass ich von den vorhergehenden Fragen noch ganz verwirrt war, und bat mich, näher zu treten. Gütig nahm sie mich an der Hand. ‚Schau!‘, sagte sie. Ich schaute und merkte, dass alle Jungen verschwunden waren. An ihrer Stelle sah ich nun viele Ziegen, Hunde, Katzen, Bären und andere Tiere. ‚Siehst du, das ist dein Arbeitsfeld. Was du jetzt an diesen Tieren geschehen siehst, sollst du für meine Kinder tun. Werde demütig, tapfer und stark.‘

Ich wandte meinen Blick und merkte, wie aus den Tieren fröhlich blökende Lämmer geworden waren, die um den Herrn und die Frau herumhüpften, als gäbe es ein Fest. Ich begann zu weinen und bat die Dame, mir alles zu erklären. Ich wusste ja nicht, was dies bedeuten sollte. Da legte sie mir die Hand auf den Kopf und sagte: ‚Zu gegebener Zeit wirst du alles verstehen.' Als sie das gesagt hatte, erwachte ich. Alles war verschwunden. Mir taten die Hände weh von den Faustschlägen, die ich ausgeteilt hatte, und mein Gesicht brannte von den Ohrfeigen, die ich erhalten hatte. Der Traum beschäftigte mich so sehr, dass ich nicht mehr schlafen konnte.

Am Morgen erzählte ich den Traum meinen Brüdern, meiner Mutter und meiner Großmutter … Meine Verwandten konnten nichts damit anfangen. Ich habe danach immer über alles geschwiegen. Aber es gelang mir nie, mir den Traum aus dem Kopf zu schlagen. Als ich 1858 nach Rom kam, erzählte ich ihn dem Papst. Der Papst befahl mir, alles bis ins Kleinste wörtlich aufzuschreiben.“

Es gibt von Don Bosco mehr als 100 Aufzeichnungen von sogenannten „Visionen“ oder „Träumen“ oder wie man diese Erlebnisse auch immer bezeichnen und deuten will. Auf jeden Fall fühlte er sich durch die damit verbundenen Erfahrungen „von oben“ geführt und geleitet. Die Traumerzählungen beziehen sich auf die Entstehung seines Jugendwerks, auf seine Jungen, auf die Kirche und auf die Missionen. Papst Pius IX. (1792–1878) hat gleich bei der ersten Begegnung mit Don Bosco den gottgeführten Charakter vieler Ereignisse im Leben dieses Priesters erkannt. Deswegen auch der Auftrag an ihn, alles aufzuschreiben. Don Bosco wurde bei einem weiteren Besuch in Rom im Jahre 1867 nochmals vom Papst an diesen Auftrag erinnert. Aber erst in den Jahren 1873 bis 1875 sah er sich dazu in der Lage, seine „Memorie dell'Oratorio di San Francesco di Sales“, also seine Erinnerungen an die Anfänge des Oratoriums des hl. Franz von Sales, niederzuschreiben.

Dabei handelt es sich um autobiografische Aufzeichnungen, mit denen er seine Schüler im Glauben stärken und ihnen Orientierung und Weisung geben wollte.

Der kleine Apostel

In dem Traum, den er mit neun Jahren hatte, erkannte Johannes, dass er vielen Jungen Gutes tun solle. Aber schon davor hatte seine Mutter ihn darin unterstützt. Wenn er als Fünfjähriger mit Schrammen im Gesicht vom Spielen heimkam und seine Mutter ihm sagte: „Geh halt nicht mehr hin!", dann antwortete er ihr: „Weißt du, Mutter, wenn ich bei ihnen bin, dann schimpfen und fluchen sie nicht." Also ließ sie ihn wieder hingehen. Sie war es auch, die nach dem Traum des Neunjährigen gemeint hatte: „Vielleicht wirst du einmal Priester!"

Ein erstes Anliegen für Mutter und Sohn war die schulische Ausbildung von Johannes. Zwar war der Grundschulunterricht 1822 im Königreich Sardinien-Piemont gesetzlich eingeführt worden, die öffentliche Schule in Castelnuovo war aber fünf Kilometer von Becchi entfernt. Mutter Margareta fand deshalb die erste Möglichkeit, Johannes Unterricht zu geben, bei Don Giuseppe Lacqua (1813–1865) im Pfarrhaus von Capriglio, wo ihre Schwester den Haushalt führte. Johannes konnte während der Winter 1824/25 und 1825/26 im Pfarrhaus wohnen und lernte dort lesen und schreiben. Und kaum hatte er das Lesen erlernt, wurden Bücher seine Leidenschaft. Er lieh sich die Bücher bei Don Lacqua aus und verbrachte im Sommer mit ihnen viele Nachmittage im Schatten der Bäume; auch zum Hüten der Kühe nahm er Bücher mit.

Ortsansicht von Capriglio. Hier lernte Johannes zwischen 1824 und 1826 im Pfarrhaus lesen und schreiben

In dieser Zeit kam es zu ersten Spannungen mit seinem Bruder Anton. Dieser brachte zwar noch Verständnis dafür auf, dass es gut sei, lesen und schreiben zu können. Aber Stunden und Tage mit Büchern zu verbringen oder gar noch weiter die Schule zu besuchen, dafür hatte der damals 17-Jährige nichts übrig.

Johannes, der schon immer gerne Kinder um sich versammelt und zusammen mit ihnen gespielt hatte, entdeckte nun das Lesen als eine neue Möglichkeit, andere zu unterhalten. Im Winter kamen die Menschen auf den Bauernhöfen gerne in der warmen Stube neben dem Stall zusammen und da musste ihnen Johannes nun vorlesen. Vor und nach seinen Erzählungen machte er immer ein Kreuzzeichen und betete ein „Ave Maria".

Für den Frühling und den Sommer musste er sich aber etwas anderes einfallen lassen. Gaukler, Zirkusleute und Zauberer kamen damals gerne in die Dörfer und boten den einfachen Leuten eine willkommene Abwechslung. Johannes sparte alles Geld, das er für Naschereien und kleine Vergnügungen erhielt, um den Eintritt für diese Veranstaltungen bezahlen zu können.

Wie Don Bosco später selbst erzählt, war er auch erfahren im Vogelfang und sammelte Pilze und Färberpflanzen. Das alles waren weitere Geldquellen für ihn. Dann beobachtete er die Zauberer und Artisten genau und übte viel. Rückblickend auf diese Zeit, schreibt er in seinen „Erinnerungen": „Stellt euch die Erschütterungen, Stöße und Stürze vor, denen ich ausgesetzt war. Mit elf Jahren brachte ich schon Taschenspielertricks, den Salto mortale und an der Turnstange die Schwalbe fertig und lief auf den Händen; ich ging, sprang und tanzte auf dem Seil wie ein Berufsseiltänzer."

Über die Vorführungen, die er dann an den Sonn- und Feiertagen in Becchi hielt, schreibt Don Bosco mit großer Freude: „Wenn alles vorbereitet war, lud ich die Versammelten ein, ein Kirchenlied zu singen, und wir beteten den Rosenkranz. Dann stieg ich auf einen Stuhl und trug das vor, was ich mir von der Predigt gemerkt hatte; oder ich erzählte Begebenheiten und Beispiele dazu, die ich gehört oder in einem Buch gelesen hatte. War die Predigt beendet, dann verrichtete ich noch ein kurzes Gebet und begann mit der Vorstellung. In jenem Moment hättet ihr sehen können, wie aus dem Redner ein Artist und Marktschreier wurde. An der Turnstange wurde die Schwalbe vorgeführt und dann der Salto mortale; ich ging im Handstand; dann umgürtete ich mich mit dem Quersack, schluckte Geldstücke und zog sie dem einen oder anderen wieder aus der Nasenspitze hervor; ich vermehrte wie von Zauberhand Bälle und Eier oder verwandelte Wasser in Wein. Ich tötete ein Huhn und zerlegte es, nur um es danach noch besser gackern zu lassen als vorher. Das war die übliche Unterhaltung. Auf dem Seil spazierte ich so sicher wie auf einem Gehweg; ich sprang, tanzte, hing an einem Bein daran oder an beiden und dann wieder an beiden Händen oder nur an einer. Nach einigen Stunden dieser Vorführungen war ich rechtschaffen müde und der Zeitvertreib endete. Man verrichtete wieder ein kurzes Gebet und jeder ging dann seines Wegs. Von diesen Vorführungen waren jedoch alle ausgeschlossen, die geflucht, schlechte Reden geführt oder sich geweigert hatten, an den religiösen Übungen teilzunehmen.“

So begann Johannes also schon im Jungenalter ganz bewusst sein Apostolat. Seine Mutter unterstützte ihn dabei, wo sie nur konnte: „Ich muss euch sagen, dass meine Mutter mich sehr liebte; und ich hatte zu ihr ein grenzenloses Vertrauen. Ohne ihr Einverständnis hätte ich keinen Fuß bewegt. Sie wusste von allem, beobachtete alles und ließ mir freie Hand. Im Gegenteil: Wenn ich etwas benötigte, half sie mir gerne.“

Mutter Margareta war es auch, die Johannes auf die erste heilige Beichte vorbereitete. Sie ging an diesem Tag selbst zur Beichte und machte den Priester dann darauf aufmerksam, dass nun auch ihr Sohn zur Erstbeichte komme. Die Mutter sorgte ferner dafür, dass Johannes schon mit elf Jahren zur heiligen Kommunion zugelassen wurde. Weil der Weg zur Kirche weit war, so Don Bosco später, „war ich dem Pfarrer unbekannt und musste mich fast ausschließlich auf die religiöse

Unterweisung durch meine Mutter beschränken. In der Fastenzeit schickte sie mich täglich zum Katechismusunterricht. ‚Mein Johannes‘ sagte sie wiederholt, ‚Gott bereitet dir ein großes Geschenk. Sorge dafür, dich gut vorzubereiten, in der Beichte nichts zu verschweigen, beichte und bereue alles und versprich Gott, dein Leben zu bessern.‘ Am Tag meiner Erstkommunion wollte meine Mutter nicht, dass ich etwas arbeite. Ich sollte mich ganz der Lektüre und dem Gebet widmen. Mehrmals wiederholte sie danach die Worte: ‚Mein liebes Kind, das war ein großer Tag für dich. Ich bin überzeugt davon, dass Gott von deinem Herzen ganz Besitz ergriffen hat. Gehe in Zukunft oft zur Kommunion. Sage immer alles in der Beichte, sei immer folgsam.‘ Ich bemühte mich, die Hinweise meiner guten Mutter in die Tat umzusetzen. Und es scheint, dass es von jenem Tag an in meinem Leben eine Besserung gegeben hat, besonders in Bezug auf den Gehorsam und die Bereitschaft, mich anderen unterzuordnen.“

Johannes Bosco war also wirklich nicht schon als Heiliger geboren worden. Doch vielfältig und reich begabt, arbeitete er an sich, klug geführt von seiner Mutter. Pietro Brocardo erläutert dazu: „Die Liebe, mit der seine Mutter ihn nährte und erzog, war sein ganzes Leben lang eine der tiefen Wurzeln, derer sich der Herr bediente, um aus ihm einen Heiligen zu machen. Dieser mütterlichen Erziehung ist es auch zu verdanken, dass sich die Persönlichkeit Don Boscos ohne Komplexe und frei von jeder Art von Angst entfalten konnte.“

Schritte zur Vertiefung

Zwei Winter lang hatte Johannes den Unterricht bei Don Lacqua besucht und damit nach der damals geltenden piemontesischen Schulordnung seiner Schulpflicht Genüge getan. Sein Stiefbruder Anton meinte, es sei nun genug, einer in der Familie könne ja nun lesen und schreiben; Johannes solle jetzt auf dem elterlichen Hof mitarbeiten.

Dieser hingegen hatte während des ganzen Sommers 1826 seinen Kopf mehr in den Büchern als bei der Arbeit und überlegte, wie es mit der Schule weitergehen könnte. Mutter Margareta wollte ihn noch für einen weiteren Winter zu Don Lacqua in die Lateinschule schicken. Doch nun kam es zur offenen Auseinandersetzung in der Familie. Anton war ein Dickschädel und Johannes war ein Hitzkopf und wollte sich nicht unterkriegen lassen. Er antwortete frech und musste von seinem Bruder eine Tracht Prügel einstecken. Die Mutter konnte den Frieden im Haus nicht mehr herstellen. An einem nebligen Februartag im Jahre 1828 sagte sie deshalb zu ihrem Johannes: „Es ist besser, wenn du das Haus verlässt."

Nur mit einem kleinen Wäschebündel unterwegs, klopfte er nun vergebens bei verschiedenen Bauern an, bis er sich dann am Hof der Familie Moglia nicht mehr abweisen ließ. Aus Mitleid nahm man den frierenden Jungen als Stallknecht auf. Fast zwei Jahre lang, bis November 1829, arbeitete Johannes dort zur Freude der Bauersleute. In ihm reifte jetzt immer klarer der Wunsch, einmal Priester zu werden, er sah aber nicht, welcher Weg dort hinführen könnte.

In der Meierei Moglia arbeitete Johannes 1828/29 fast zwei Jahre lang als Knecht

An den Sonntagen bat er um die Erlaubnis, schon zur Frühmesse in das Pfarrdorf Moncucco gehen zu dürfen. Obwohl es damals nicht üblich war, ging er jeden Sonntag zur heiligen Kommunion. Bald hatte er gute Kontakte zum dortigen Pfarrer, dem er seinen Herzenswunsch offenbarte und der ihn darin ermutigte. Ähnlich wie schon in Becchi, versammelte er auch hier die Kinder des Orts zu Unterhaltung, Katechese und Gebet. Versammlungsort war die Eingangshalle des Pfarrhauses. Immer wieder fand Johannes auch die Zeit und Ruhe, ungestört und unbeobachtet zum Gebet niederzuknien.

Wenn ihm diese beinahe zwei Jahre auch für die Schulbildung nichts brachten, so waren es doch keine verlorenen Jahre. Don Pietro Stella sagt in seiner

Don-Bosco-Biografie über diese Zeit: „In diesen Jahren verstärkte sich in Johannes der Sinn für Gott und für die Kontemplation. Er konnte sich in sie vertiefen in der Einsamkeit und im Zwiegespräch mit Gott während der Arbeit auf den Feldern. Es war eine erste kontemplative Phase in seinem Leben, in der sein Geist sich öffnete für eine mystische Gottverbundenheit."

Im November 1829 kam Onkel Michael, der Bruder seiner Mutter, in die Meierei Moglia und eröffnete seinem Neffen, er wolle sich dafür einsetzen, dass dieser weiterstudieren könne; er solle mit ihm wieder heimkommen. Dem 21-jährigen Anton wurde garantiert, dass ihm aus dem Studium des Bruders keine Belastungen erwachsen würden. Deshalb erhob auch er keinen Einspruch und ganz unverhofft ergab sich für Johannes nun auch eine Studiermöglichkeit: Die Stelle als Vikar im nahen Morialdo hatte kurz zuvor der 70-jährige Don Giovanni Calosso (1755–1830) übernommen. Ende November, auf dem Heimweg von einer Predigt anlässlich einer Volksmission im nahen Dorf Buttigliera, traf er Johannes zum ersten Mal. Der Junge interessierte ihn. Nach einem kurzen Kennenlernen versprach der Vikar Johannes vier Soldi, wenn es ihm gelänge, vier Sätze aus der zuvor gehörten Predigt zu wiederholen. Johannes ging darauf ein, begann ruhig und besonnen und wiederholte schließlich die ganze Predigt. Don Calosso, erstaunt über ein solch phänomenales Gedächtnis, erfuhr im weiteren Gespräch, dass Johannes Priester werden wolle und dass dies zu mitunter heftigen Konflikten in seiner Familie führe. Schließlich bot er sich ihm als Lehrer an. Ein Jahr lang ging Johannes nun zu diesem Priester in die Schule und wohnte sogar bei ihm, sodass er mit dem Lernen gut vorankam.

Die Kirche von Morialdo. Beim Kaplan von Morialdo, Don Calosso, erhielt Johannes Bosco 1829/30 Unterricht

Mit begeisterten Worten erinnert sich Don Bosco später an diese Zeit: „Niemand kann sich vorstellen, wie wohl ich mich fühlte. Ich liebte Don Calosso wie einen Vater. Dieser Mann Gottes hatte mich sehr gern. Ihm gab ich mich vollständig zu erkennen. Unter anderem verbot er mir eine Bußübung, die ich gemacht hatte, die aber meinem Alter und den Umständen nicht entsprach. Er ermutigte mich zum Empfang der Sakramente und lehrte mich, täglich eine kurze Betrachtung oder, besser gesagt, eine geistliche Lesung zu machen. Jetzt wusste ich, was es heißt, jemanden zu haben, der mir Freund ist und mich führt."

Doch im November 1830 erlitt der gute Priester einen Schlaganfall! Als Johannes zu Don Calosso kam, konnte dieser ihm nur noch durch Zeichen zu verstehen geben, er möge den Schlüssel seiner Geldschatulle an sich nehmen. Don Calosso wollte Johannes mit seinen Ersparnissen offensichtlich das Studium finanzieren, konnte aber seinen letzten Willen nicht mehr klar äußern. Und als dann die Angehörigen kamen, übergab Johannes ihnen den Schlüssel. Damals weinte Johannes Bosco untröstlich; er schreibt später dazu: „War ich wach, dachte ich an Don Calosso, schlief ich, träumte ich von ihm. Es ging so weit, dass meine Mutter um meine Gesundheit bangte und mich für einige Zeit zur Großmutter nach Capriglio schickte."

Wegen Anton war die Situation in der Familie immer noch angespannt. Da Anton nun bald volljährig wurde und heiraten wollte, entschloss sich Mutter Margareta zur Teilung der väterlichen Güter. Die Mutter, Bruder Josef und Johannes bildeten nun eine eigenständige Familie; die Großmutter war inzwischen gestorben. „Es ist wahr," erklärt Don Bosco, „mit der Teilung fiel mir ein Stein vom Herzen. Es bot sich mir nun die volle Freiheit, mein Studium fortzusetzen."

In Castelnuovo besuchte Johannes etwa ein Jahr lang die öffentliche Volksschule

In Castelnuovo hatte die Gemeinde neben der Grund-schule auch einen Lateinkurs eingerichtet. Obgleich in fünf Klassen gegliedert, wurden alle Schüler in einem Raum unterrichtet. Ab Dezember 1830 ging Johannes nun dort zur Schule. Da der Weg, den er täglich zweimal hin und zurück hätte gehen müssen, zu weit war, fand er bei dem Schneider und Kirchenmusiker Johannes Roberto Unterkunft. Von ihm lernte er singen, Violine spielen und ein wenig schneidern. Als aber Johannes' tüchtiger Lehrer, Don Emanuele Virano, eine Pfarrstel-le übernahm, „wurde er durch einen Lehrer ersetzt, der unfähig war, die Disziplin aufrechtzuerhalten. Beinahe alles, was wir vorher gelernt hatten, wurde zunichte gemacht", klagt Don Bosco in seinen „Erinnerungen". Zudem bedrückte ihn auch die Reserviertheit, die viele Priester in seiner Zeit an den Tag legten. Don Calosso und Don Virano waren ihm stets offen begegnet und hatten ihn gefördert. Hingegen erwiderten der Propst von Castelnuovo und sein Kaplan gerade einmal seinen Gruß, ließen sich aber ansonsten auf kein Gespräch mit ihm ein. Don Bosco schreibt später dazu: „Öfter sagte ich weinend zu mir und auch zu anderen: ‚Wenn ich einmal Priester sein sollte, dann würde ich es anders machen. Ich würde mich den Kindern nähern und ih-nen gute Worte sagen und Ratschläge geben.'"

Als Schüler in Chieri

„Nach viel verlorener Zeit entschloss man sich endlich, mich nach Chieri zu schicken, damit ich mich ernsthaft dem Studium widme", erzählt Don Bosco weiter. Vorher aber ging der junge Johannes auf den benachbarten Höfen betteln, um Geld für sein Studium zu sammeln.

Das fiel ihm nicht leicht. Den Leuten sagte er, dass er Priester werden wolle, und bat sie, sie möchten ihm helfen. Johannes war bekannt und man gab ihm gerne etwas, vor allem Naturalien. Im Provinzstädtchen Chieri fand er sich bald zurecht. Pietro Stella schreibt über Chieri und diese Phase in Don Boscos Leben: „Es war die Stadt, in der sich der ganze Reichtum seiner Persönlichkeit als Jugendlicher und junger Mann entfalten konnte."

Die Gymnasialzeit von 1831 bis 1835 verging für Johannes frei von Misserfolgen und besonderen Belastungen. In der Schule hatte er sich bald die Achtung der Lehrer und Schulkameraden erworben. Im ersten Jahr konnte er gleich drei Klassen überspringen. Der strenge Lehrer Vincenzo Cima versprach ihm, ihn in jeder Weise zu fördern. Als Johannes einmal den lateinischen Originaltext des römischen Schriftstellers Cornelius Nepos daheim vergessen hatte und, zur Wiederholung aufgerufen, Text, Konstruktion und Erklärung des Abschnitts einfach auswendig aufsagte, entstand eine große Unruhe in der Klasse. Und als der Lehrer dann erfuhr, dass Johannes zum Schein ein anderes Buch vor sich aufgeschlagen und den Text aus dem Gedächtnis wiedergegeben hatte, meinte er: „Weil du so ein gutes Gedächtnis hast, verzeihe ich dir deine Nachlässigkeit. Sorge aber dafür, dass du von deiner Begabung immer einer guten Gebrauch machst."

In den höheren Klassen des Gymnasiums hatte Johannes in Führung und schulischer Leistung die besten Noten. So wurde ihm jedes Jahr das Schulgeld in Höhe von von zwölf Franken erlassen. Seine gute Auffassungsgabe und sein Gedächtnis ermöglichten es ihm, nebenbei viel zu lesen, seinen Freunden zu helfen und sich noch einiges dazuzuverdienen. Einen Teil des Kostgelds für die Pension Matta, wo er zuerst wohnte, bezahlte Mutter Margareta mit Getreide, Wein und Mehl. Den Rest verdiente sich Johannes durch Nachhilfeunterricht und Mithelfen in der Pension. Später wechselte er in das Café Pianta, wo er als Kellner arbeitete und dafür freies Logis hatte. Doch die Verpflegung dort war karg und der Schlafplatz schlecht. Zwei Priester besorgten ihm daher sobald als möglich eine bessere Unterkunft.

In Chieri gründete Johannes Bosco den „Bund der Fröhlichen", einen Freundeskreis, der sich verpflichtete, keine schlechten Reden anzuhören geschweige denn zu führen, die religiösen und schulischen Verpflichtungen ernst zu nehmen und gemeinsam die Freude zu pflegen. Als vor der Antoniuskirche, auf der heutigen Piazza Cavour, ein Gaukler mit seinen Vorführungen die Leute vom Gottesdienst abhielt, war es dieser „Bund der Fröhlichen" mit Johannes an der Spitze, der eine Änderung herbeiführte. Mit großer Ausführlichkeit und sichtlichem Vergnügen schildert Don Bosco in seinen „Erinnerungen" die Zeit in Chieri und dieses Ereignis. Der Gaukler ließ sich auf eine Wette mit ihm ein: Sie wollten sich im Laufen, Jonglieren und im Weitsprung messen. Um den Einsatz bestreiten zu können, legten die Freunde ihre Soldi zusammen. Würde der Gaukler aber besiegt, so sollte er abziehen. Es war wohl eine der spannendsten Situationen im Leben des jungen Bosco. Johannes siegte. Der Freundeskreis verzichtete aber darauf, den Einsatz des Gauklers einzufordern. Er brauchte ihnen nur ein ordentliches Abendessen zu bezahlen. Dann zog der Besiegte ab.

Das Gymnasium von Chieri, in dem Johannes zwischen 1831 und 1835 unterrichtet wurde

In dieser Zeit in Chieri reiften tiefe Freundschaften, die für die Entfaltung der Persönlichkeit Don Boscos von großer Bedeutung waren. Da war der Jude Jonas, der gerne und gut Billard spielte und des Öfteren zu Johannes ins Café Pianta kam. Auch er hatte schon seinen Vater verloren. Don Bosco beschreibt Jonas folgendermaßen: „Er war 18 Jahre alt, von schönem Aussehen und konnte sehr gut singen. Ich konnte ihn gut leiden und er war ganz verrückt nach meiner Freundschaft. Kaum, dass er ins Café kam, fragte er nach mir. Jeden freien Augenblick verbrachte er bei mir. Wir sangen, spielten Klavier und lasen." Jonas nahm später Katechismusunterricht und wurde im Dom von Chieri getauft.

Eine andere, in ihrem Ursprung und in ihrer Art sehr davon verschiedene Freundschaft war die zu Alois Comollo (1817–1839). Dieser Jugendliche verbarg hinter einem sehr zarten und eher schwächlichen Körper einen großen geistigen Reichtum. Freche und rohe Mitschüler wollten ihn einmal vor Unterrichtsbeginn zu derben und nicht ungefährlichen Spielen zwingen. Weil er ablehnte, wurde er mit Ohrfeigen und Fußtritten traktiert. Comollo, rot und blau im Gesicht, blieb jedoch ruhig und sagte nur: „Genügt euch dies? Ich habe euch bereits verziehen." „Von da an gehörte er zu meinen Freunden", erzählt Don Bosco, „und ich muss sagen, dass ich von ihm zu lernen begann, als Christ zu leben. Ich setzte mein ganzes Vertrauen in ihn und er in mich; der eine hatte den anderen nötig. Denn Comollo wagte es nicht einmal, sich gegen die Beschimpfungen durch die Schlechten zu verteidigen, während ich von allen Kameraden, auch von denen, die mich an Alter und Statur überragten, gefürchtet wurde wegen meines Mutes und meiner Kraft."

Ein Ereignis aus dieser Zeit – Johannes Bosco schildert es selbst – erhärtet das oben Gesagte: „Als ich eines Tages sah, wie einige Comollo und einen anderen namens Candelo Antonio, ein Muster von Gutmütigkeit, verhöhnten und schlagen wollten, rief ich mit lauter Stimme: ‚Wehe euch, wenn ihr diese hier beleidigt!' Eine ansehnliche Gruppe der Größten und Unverschämtesten nahm daraufhin mir gegenüber eine bedrohliche Haltung ein, während zwei schallende Ohrfeigen im Gesicht von Comollo landeten. In jenem Moment vergaß ich mich selbst. Da mich nicht die Vernunft leitete, sondern einfach meine Kraft reizte und mir weder Stuhl noch Stock in die Hände gerieten, packte ich einen Mitschüler an den Schultern und bediente mich seiner. Wie mit einem Stock schlug ich mit ihm auf meine Gegner ein. Vier fielen vornüber zu Boden. Die übrigen flohen unter Geschrei und um Erbarmen flehend. Als wir anschließend miteinander sprachen, sagte mir Comollo: ‚Mein Lieber, deine Kraft erschreckt mich; aber glaube mir, Gott hat sie dir nicht gegeben, um deine Kameraden zu schlagen. Er will, dass wir einander lieben, einander verzeihen und dass wir denen Gutes tun, die uns Böses antun.‘ Ich bewunderte die Nächstenliebe meines Kameraden und ließ mich von ihm leiten."

Die Wahl eines ständigen Beichtvaters nennt Don Bosco das „glücklichste Ereignis" für seine Entwicklung in dieser Zeit. Es war der Theologe Giuseppe Maria Maloria (1803–1857). Dieser hörte Johannes mit großer Güte an und ermutigte ihn zum häufigen Empfang der Sakramente. Don Bosco erzählt: „Ich erinnere mich nicht, dass mir irgendeiner meiner Lehrer einen solchen Rat gegeben hätte. Ich verdanke es meinem Beichtvater, dass ich in dieser Zeit von meinen Kameraden nicht zu gewissen ‚Unordentlichkeiten' verleitet wurde."

Der Priester und der Beginn seines Werks (1835–1846)

Priester werden – aber wo und wie?

Zu Beginn seiner Gymnasialzeit im November 1831 war Johannes Bosco von seinem Freund Giovanni Filippello auf dem Weg nach Chieri begleitet worden. Auf halbem Weg, in Arignano, hatten sie damals Rast gemacht. Johannes hatte seinem Freund von dem vielen erzählt, das er schon in Predigten, Vorträgen und Katechesen gelernt hatte, und dieser hatte gemeint: „Du weißt schon so viel, du wirst bald Pfarrer werden." „Pfarrer?", hatte Johannes geantwortet. „Ich werde nicht Pfarrer, ich will mein Leben der Jugend weihen." 1884, mehr als 50 Jahre später, erinnerte sich Don Bosco an dieses Gespräch und sagte zu Filipello: „Nun, bin ich Pfarrer geworden?" – Nicht Pfarrer, wohl aber Priester wollte Johannes werden. Der Traum, den er mit neun Jahren gehabt hatte und der sich in ähnlicher Weise des Öfteren wiederholt hatte, bestärkte ihn in der Absicht, den geistlichen Beruf zu ergreifen. Doch welchen Weg sollte er einschlagen? Im April 1834 hatte er bei den Franziskanern ein Gesuch um Aufnahme in das Noviziat eingereicht und war zugelassen worden. „Ich hoffte," so erläutert Don Bosco rückblickend, „auf diese Weise in der Einsamkeit meine Leidenschaften besser bekämpfen zu können, besonders meinen Stolz, der in meinem Herzen tiefe Wurzeln geschlagen hatte."

In einem Traum wurde dem jungen Franziskaneraspiranten aber dann gesagt, Gott bereite ihm ein anderes

Arbeitsfeld. Johannes war verwirrt. Da andere Hindernisse hinzukamen, vertraute er sich seinem Freund Alois Comollo an. Sie hielten zusammen eine Novene und beteten um Erleuchtung; Comollo bat zudem seinen Onkel, der Geistlicher war, um Rat. Am letzten Tag der Novene kam der Brief des Onkels: „Ich würde deinem Kameraden raten, mit dem Eintritt in den Konvent der Franziskaner zu warten. Er ziehe das geistliche Kleid an und während er seine Studien fortsetzt, wird er immer besser erkennen, was Gott von ihm will. Er möge keine Angst haben, den geistlichen Beruf zu verlieren, denn in Zurückgezogenheit und mit Frömmigkeit wird er alle Hindernisse überwinden."

Johannes befolgte diesen Rat und bereitete sich nun auf die Einkleidung als Priesteramtskandidat und den Eintritt in das Diözesanseminar des Erzbistums Turin in Chieri vor. Am 25. Oktober 1835 erhielt er von seinem Heimatpfarrer Don Cinzano in Castelnuovo den Talar, das geistliche Kleid, das ihn als Seminaristen kenntlich machte.

Noch Ende Oktober sollte Johannes sich im Seminar einfinden. Er selbst erzählt in seinen „Erinnerungen": „Eine kleine Ausstattung war vorbereitet, alle meine Verwandten waren zufrieden, ich noch mehr als sie. Nur meine Mutter stand besorgt da. Am Abend rief sie mich zu sich und hielt mir diese denkwürdige Ansprache: ‚Mein lieber Johannes, du hast jetzt das priesterliche Kleid angezogen. Ich fühle darüber einen großen Trost, wie nur eine Mutter ihn über das Glück ihres Kindes empfinden kann. Aber denke daran: Nicht das Kleid ehrt den Stand, sondern die Übung der Tugend. Solltest du je an deiner Berufung zweifeln, dann, bei Gott, entehre dieses Kleid nicht. Lege es eher ab. Ich will lieber einen armen Bauern als Sohn haben als einen Priestersohn, der seine Pflichten vernachlässigt. Als du zur Welt kamst, weihte ich dich der Gottesmutter; als du deine Studien begonnen hast, empfahl ich dir die Verehrung dieser unserer Mutter. Nun empfehle ich dir, ganz ihr zu gehören. Liebe die Kameraden, die Maria verehren. Und wenn du Priester wirst, dann empfiehl und verbreite immer die Verehrung der Gottesmutter.' Am Schluss dieser Worte war meine Mutter tief gerührt. Ich weinte."

Im Priesterseminar in Chieri

Am 30. Oktober 1835 trat Johannes ins Priesterseminar von Chieri ein, wo er bis zum Jahre 1841 zunächst Philosophie und dann Theologie studierte. Auch im Seminar erwarb er sich rasch die Zuneigung seiner Kameraden und die Achtung der Oberen: „In Bezug auf meine Kameraden hielt ich mich ganz an den Rat meiner Mutter, mich denen anzuschließen, die Verehrer der Gottesmutter waren und Studium und Frömmigkeit liebten."

Don Bosco berichtet aber auch von einigen Dingen, die ihm im Priesterseminar schwerfielen. Da war zum einen die monotone Tagesordnung, welche die Glocke zur „Stimme Gottes" machte. Bei Tisch wurde vorgelesen und die Küche war mehr als einfach. Was ihn aber vor allem bedrückte: Die Oberen wahrten eine sehr große Distanz gegenüber den Seminaristen. Nur wenn es einen Verweis gab, kam ein Seminarist mit ihnen ins Gespräch. Und waren der Regens, der Leiter des Seminars, und die anderen Oberen gelegentlich anwesend, dann wichen ihnen die Theologiestudenten

Im Priesterseminar von Chieri studierte Johannes zwischen 1835 und 1841 Theologie und Philosophie

aus. Johannes lernte daraus, wie wichtig die ständige wohlwollende Anwesenheit der Erzieher bei den Jugendlichen ist, damit ein Klima familiären Vertrauens wachsen kann.

Der Student Johannes Bosco litt zum anderen darunter, dass unter den Seminaristen auch solche waren, die einfach nur die Zeit totschlugen, schlechte Reden führten und auch für andere zur „Gefahr" wurden. Auch tat es ihm leid, dass man an den Wochentagen nicht zur heiligen Kommunion gehen konnte. Dies war nur möglich, wenn man nach der heiligen Messe in die Nachbarkirche ging und dabei auf das Frühstück verzichtete. Johannes Bosco machte es genau so und sagte später, das sei für ihn eine wirksame Kraftquelle für das Wachsen seiner geistlichen Berufung gewesen.

In den ersten Seminarjahren fand Johannes auch nur schwer Zugang zu asketischer Literatur. Wohl war er sehr belesen, denn Dichter und Klassiker hatten ihn immer begeistert. Erst allmählich aber erschloss sich ihm nun der innere Reichtum der christlichen Schriftsteller. Als eine gewisse Gefahr für die Seminaristen bezeichnet Don Bosco in seinen „Erinnerungen" später die langen Ferien, die damals viereinhalb Monate dauerten. Johannes verbrachte diese Zeit meist daheim bei seinem Bruder Josef und der Mutter, verrichtete dort verschiedenste Arbeiten und gab den Jugendlichen im Dorf Katechismusunterricht.

Bis zum Jahre 1848 waren die Priesterseminare in Italien noch überfüllt. Man erkannte zwar die Notwendigkeit, das geistliche Niveau des Klerus zu heben, doch geschah dies sehr einseitig durch die Betonung einer weltfernen Askese und eines „klerikalen" Priesterbilds. Der Priester war damals mehr Liturge als Apostel, er lebte eher zurückgezogen als unter den Menschen; ja, es schien fast, er solle mehr ein Mensch für die Ewigkeit sein als für diese Welt.

Auch Johannes Bosco wollte, als er ins Seminar eintrat, sein Leben zunächst in diese Richtung ändern, indem er auf alle öffentlichen Schauspiele, Unterhaltungsdarbietungen und Spiele verzichtete und sehr zurückgezogen und maßvoll lebte. Sein Freund Alois Comollo war ihm darin auch im Priesterseminar ein großes Vorbild. Doch die Vernachlässigung seiner dem konkreten Leben und der Welt zugewandten Neigung setzte Johannes Bosco gesundheitlich sehr zu. Er hatte ja persönlich immer schon eine etwas andere Vorstellung vom Priestersein. Er wollte als Priester auf die Menschen zugehen und sie suchen wie der Gute Hirte (vgl. Lk 15,1–10); er sah seine priesterliche Berufung nicht als Auszeichnung, sondern als Auftrag. Der Don-Bosco-Kenner Don Pietro Brocardo sagt dazu: „Erst in den drei Jahren nach der Priesterweihe, im kirchlichen Konvikt in Turin, wurde er wieder er selbst, es formte sich sein Priestertum in einer praktischen, pastoralen Ausrichtung." Darauf weist auch das Urteil des Kirchengeschichtlers Hubert Jedin über pastorale Neuorientierungen in jener Zeit hin: „So taucht selbst in den Ländern, in denen die Beschränkung des Klerus auf rein kirchliche Funktionen am stärksten ausgebildet war, in zunehmendem Maße vor allem in den Großstädten eine Art von Askese der Aktion auf. Gründer religiöser Kongregationen, wie Don Bosco, wiesen ihre Schüler in diese Richtung."

In Turin – die ersten Priesterjahre

Am 5. Juni 1841 weihte der Erzbischof von Turin, Luigi Fransoni (1832–1862), Johannes Bosco zum Priester. Seine erste heilige Messe feierte Don Bosco am folgenden Tag am Schutzengelaltar in der Kirche des hl. Franz von Assisi in Turin. Don Giuseppe Cafasso (1811–1860), der schon einige Jahre zuvor sein geistlicher Begleiter geworden war, assistierte ihm. „Diesen Tag darf ich als den schönsten in meinem Leben bezeichnen", schreibt Don Bosco später. Am Donnerstag nach der Priesterweihe war das Fronleichnamsfest. Der Neupriester feierte es in seiner Heimatgemeinde Castelnuovo, er hielt dort das Hochamt und die Prozession. Da die Stelle des Kaplans in Castelnuovo damals nicht besetzt war, blieb Don Bosco in den folgenden fünf Monaten in dieser Funktion in seiner Heimatgemeinde.

„An dieser Arbeit fand ich großen Gefallen", so erzählt er uns. „Ich predigte alle Sonntage, machte Krankenbesuche und spendete die Sakramente, mit Ausnahme des Bußsakraments, da ich das Beichtexamen noch nicht abgelegt hatte. Ich hielt Begräbnisse, machte die Eintragungen in die Pfarrbücher, stellte Bescheinigungen für die Armen aus und vieles andere. Aber meine größte Freude war es, den Kindern Katechismusunterricht zu geben, bei ihnen zu sein und mit ihnen zu sprechen. Wenn ich das Pfarrhaus verließ, wurde ich immer von einer Schar Kinder begleitet. Und wohin immer ich ging, waren meine Freunde um mich."

Gegen Ende der Ferien wurden dem Priester verschiedene, teils recht gut dotierte Stellen angeboten. Der junge Don Bosco mag sich damals wieder neu an die Worte seiner Mutter erinnert haben, die sie an ihn gerichtet hatte, als er ihr gesagt hatte, er wolle Franziskaner werden: „Ich bin arm geboren, habe arm gelebt und möchte arm sterben. Doch denke daran: Solltest du Priester werden und das Unglück haben, reich zu werden, dann werde ich nie mehr dein Haus betreten." Und am Tag seiner Heimatprimiz hatte sie ihm abends gesagt: „Denke in Zukunft ausschließlich an das Heil der dir anvertrauten Seelen und kümmere dich nicht um mich."

Don Bosco ging daher zuerst nach Turin, um sich mit seinem geistlichen Begleiter Josef Cafasso zu beraten. „Dieser heiligmäßige Priester hörte sich alles an: das Angebot mit den guten Stipendien, das Drängen meiner Verwandten und Freunde und meinen guten Willen, zu arbeiten. Ohne einen Augenblick zu zögern, sagte er dann: ,Ihr müsst noch Moraltheologie und Homiletik studieren. Verzichtet vorläufig auf jedes Angebot und kommt ins Konvikt.' – Mit Vergnügen folgte ich seinem weisen Rat."

Das kirchliche Konvikt war im Jahre 1817 von dem gelehrten und bescheidenen Theologen Don Luigi Guala (1775–1848) gegründet worden, um jungen Priestern eine lebensnahe seelsorgliche Ausbildung zu vermitteln und den noch immer vorhandenen Wurzeln des von rigoristischen Vorstellungen geprägten Jansenismus entgegenzuwirken. Don Cafasso, der übrigens im Jahre 1947 heiliggesprochen wurde und als „Perle" des Turiner Klerus gilt, war als Dozent für Pastoral- und Moraltheologie gleichsam die rechte Hand Don Gualas.

Als Student im Konvikt lernte der junge Priester Johannes Bosco die aufstrebende Industriestadt Turin mit allen ihren Schattenseiten kennen. Allein in den zehn Jahren von 1838 bis 1848 war die Bevölkerung der Stadt um 17 Prozent gewachsen und auf 139.000 Einwohner angestiegen. 40 Prozent davon waren Analphabeten. Besonders bedrückend waren die Arbeitslosigkeit und die Situation der Jugend.

„Als Erstes führte mich Don Cafasso in die Gefängnisse," so schildert Don Bosco später die damaligen Verhältnisse, „wo ich bald erfahren musste, wie groß die Bosheit und das Elend der Menschen sein konnten. Es erfüllte mich mit Schaudern, dort Scharen von Jugendlichen im Alter von 12 bis 18 Jahren zu sehen, gesund, kräftig und talentiert, die untätig herumsaßen, von Ungeziefer zerstochen und hungrig nach geistigem und leiblichem Brot. Wie sehr aber war ich betroffen, als ich merkte, wie viele das Gefängnis verlassen hatten mit dem Vorsatz, ihr Leben zu bessern, und dann sehen musste, wie sie innerhalb von kurzer Zeit wieder zurückgebracht wurden. Und ich merkte auch, dass viele deshalb wieder ins Gefängnis zurückkamen, weil sie sich selbst überlassen waren. – Wer weiß, sagte ich mir, wenn diese Jugendlichen draußen einen Freund hätten, der sich um sie kümmern, ihnen beistehen und ihnen an den Feiertagen Religionsunterricht geben würde, ob ihnen das nicht helfen könnte, mit mehr Sicherheit ein neues Leben zu beginnen? Wenigstens, so dachte ich mir, würde die Zahl derer kleiner werden, die ins Gefängnis zurückkehren müssen. Ich teilte diese Gedanken Don Cafasso mit, und mit seinem Rat und seiner Einsicht machte ich mich daran, die sich mir bietenden Möglichkeiten zu studieren. Das Resultat wollte ich der Gnade Gottes überlassen, denn ohne sie ist jede Anstrengung der Menschen vergeblich."

Im Konvikt – Beginn des Jugendwerks

Kaum war Don Bosco im November 1841 in das Priesterkonvikt des hl. Franz von Assisi, das im Zentrum Turins lag, eingetreten, da suchte er auch schon den Kontakt zu den Jugendlichen auf den Straßen und Plätzen. Nur wusste er nicht, wo er sie versammeln könnte.

Eine gute Fügung wies ihm aber dann die Richtung. Als er sich wenige Wochen später, am 8. Dezember, in der Franziskuskirche für die heilige Messe ankleidete, kam es zu der denkwürdigen Begegnung mit dem 16-jährigen Maurerlehrling Bartolomeo Garelli. Don Bosco bezeichnete diese Begegnung später als den Beginn seines Werks. Der Lehrling stand etwas schüchtern in der Sakristei und der Küster rief ihn zum Ministrieren. Da der Jugendliche dies aber nicht konnte, wurde er hinausgejagt. Don Bosco jedoch ließ ihn mit der Begründung zurückrufen: „Dieser Junge ist mein Freund!" Mit großer Freundlichkeit lud der Priester den nun vollends verschüchterten Jungen ein, mit ihm die heilige Messe zu feiern, und sagte zu ihm: „Nachher möchte ich gerne über einige Dinge mit dir sprechen, die dir Freude machen werden." Don Bosco berichtet in seinen „Erinnerungen" weiter: „Es war mein Wunsch, den Kummer dieses armen Jungen zu mildern. Nach der Danksagung führte ich meinen Freund in einen Chorraum. Mit fröhlichem Gesicht versicherte ich ihm, dass er nun keine Angst mehr zu haben brauche." Die ersten Fragen ergaben: Der Junge hieß Bartolomeo Garelli, er stammte aus Asti und war Vollwaise. Er konnte weder lesen noch schreiben und war auch noch nicht zur Erstkommunion gegangen. Am Katechismusunterricht teilzunehmen traue er sich nicht, sagte er, weil er fürchtete, die Kleinen würden ihn auslachen. Die Frage, ob er pfeifen könne, konnte er freudig bejahen. Don Bosco machte gleich eine erste Katechismusstunde mit ihm. Er begann mit dem Kreuzzeichen, das er ihn erst lehren musste, und mit einem „Ave Maria".

Da Don Bosco ihn eingeladen hatte, am nächsten Sonntag wieder zu kommen, brachte der Junge an diesem Tag gleich einige Freunde mit. Johannes Bosco schreibt in seinen „Erinnerungen": „Im Laufe des ersten Winters beschränkte ich mich auf einige junge Erwachsene, die besondere Katechismusstunden notwendig hatten, und vor allem auf jene Jugendlichen, die aus den Gefängnissen kamen. Ich merkte, dass auch jugendliche Strafentlassene ehrbare Bürger und gute Christen werden konnten, wenn sie nur jemanden fanden, der sich ihrer gütig annahm, sie an den Feiertagen beaufsichtigte,

Die Kirche des hl. Franz von Assisi in Turin. Hier traf Don Bosco den Maurerlehrling Bartolomeo Garelli und hier fanden die ersten Oratorien statt

ihnen bei guten Meistern Arbeit verschaffte und sie auch an den Wochentagen manchmal am Arbeitsplatz besuchte. Das war der Anfang meines Oratoriums."

Bald schon hatte Don Bosco Helfer und Mitarbeiter. Die ersten waren der Leiter des Konvikts, Don Guala, und Don Boscos geistlicher Freund, Don Cafasso. Drei Jahre lang ermöglichten und förderten sie die Zusammenkünfte von jeweils 80 bis 100 Jugendlichen, die jeden Sonntag im Konvikt stattfanden. Es handelte sich also dabei zunächst um ein „Sonn- und Feiertagsoratorium". Don Bosco lud nach eigenen Worten neben den schon Genannten auch Jugendliche ein, deren guter Ruf bekannt war und die eine religiöse Grundlage hatten: „Sie halfen mir bei der Aufrechterhaltung der Ordnung und als Lektoren und Sänger beim Gottesdienst. – Wenn der Platz es erlaubt hätte, wäre die Zahl bald auf einige Hundert angestiegen."

Kaplan im „Rifugio"

Im Sommer 1844 waren für Don Bosco die drei Jahre der theologischen Weiterbildung zu Ende. Don Cafasso rief ihn zu sich und legte ihm drei Stellenangebote vor, verbunden mit der Frage, wofür er Neigung empfinde. Der junge Priester antwortete: „Meine Neigung zielt hin auf die Beschäftigung mit der Jugend. ... Ich sehe mich inmitten einer großen Zahl von Jugendlichen, die mich um Hilfe bitten." Don Cafasso empfahl Don Bosco, zunächst einmal Urlaub zu machen, er werde ihm nachher eine Stelle zuweisen. Nach einigen Wochen schickte ihn sein Seelenführer als Rektor in das Kinderhospital der hl. Philomena.

Die wohlhabende und tief christliche Gräfin Giulia Falletti di Barolo (1785–1865) hatte in Turin-Valdocco nahe dem Hospital „Kleines Haus der göttlichen Vorsehung" von Don Giuseppe Benedetto Cottolengo (1786–1842), einem großen Krankenhaus für die Armen, ein Institut für hilfsbedürftige Frauen gegründet, die ihr Leben ändern wollten. Neben diesem Institut befand sich ein ebenfalls von ihr gegründetes Haus für gefährdete Mädchen unter 14 Jahren. Beide Heime waren damals bekannt unter dem Namen „Rifugio", was so viel wie „Zufluchtsort" bedeutet. Und nun war als drittes Vorhaben der Gräfin noch die erwähnte Pflegeeinrichtung für kranke und behinderte Mädchen im Bau, die in einem halben Jahr bezogen werden sollte. Don

Bosco schreibt: „Fürs Erste schien es mir, als würde dieser Rat ganz im Gegensatz zu meinen Neigungen stehen. Die Leitung eines Kinderhospitals, predigen und Beichte hören für 400 Mädchen, das würde mir keine Zeit lassen für eine andere Beschäftigung. Aber es entsprach dem Willen Gottes, wie mir schon bald klar wurde."

Don Giovanni Battista Borel (1801–1873), der geistliche Leiter des „Rifugio", hatte die Anstellung Don Boscos befürwortet, ja, er sollte schließlich einer der engsten und treuesten Mitarbeiter in Don Boscos noch jungem Jugendwerk werden. Es ging Don Cafasso und Don Borel zunächst darum, ihren jungen Mitbruder in Turin zu halten und ihm weiterhin die Jugendarbeit zu ermöglichen. Die Gräfin Barolo zahlte ihm jährlich 600 Lire und hatte viel Verständnis für die Arbeit Don Boscos mit seinen Jugendlichen von der Straße.

An einem Oktobersonntag im Jahre 1844 verkündete der Jugendapostel also nun den Jungen seinen Auszug aus dem Priesterkonvikt und sagte ihnen, dass sie das Oratorium am nächsten Sonntag im Stadtteil Valdocco abhalten würden. „Die Unsicherheit des Ortes, der Mittel und der Personen bereitete mir große Sorgen", berichtet Don Bosco. „Am Vorabend ging ich unruhigen Herzens zu Bett. In jener Nacht hatte ich einen Traum, der eine Fortsetzung des Traums zu sein schien, den ich mit neun Jahren in Becchi gehabt hatte." Wiederum sah Don Bosco, wie sich Tiere in Lämmer verwandelten, er sah zudem einen Hof mit Säulenhallen, eine kleine und dann eine große Kirche, und dies alles auf einem Areal, wo zu jener Zeit noch Gärten und Felder waren. Er schreibt dazu: „Damals verstand ich wenig von der Bedeutung dieses Traums und ich schenkte ihm auch wenig Vertrauen. Doch später, in Verbindung mit weiteren Träumen und als sich die Dinge zu verwirklichen begannen, waren sie mir eine Hilfe bei meinen Entscheidungen."

Eine Woche später bevölkerten Jugendliche Don Boscos Zimmer, die Treppen und die Gänge im „Rifigio" in Turin-Valdocco, wo er nun wohnte. Von Sonntag zu Sonntag nahm die Zahl der Jugendlichen in der neuen Umgebung nun zu. Der Turiner Erzbischof Fransoni, von Anfang an ein großer Freund und Förderer Don Boscos, erkannte bald, dass diese Jugendlichen nirgendwo in der Stadt beheimatet waren, dass sie sich kaum in die bestehenden Pfarreien eingliedern würden und dass zuallererst einmal eine Person notwendig sei, die ihnen Zeit, Liebe und spürbare Zuwendung schenken könnte. Darum erteilte er auch die Erlaubnis, für die Jugendlichen eine eigene Kapelle einzurichten. Das Hospital der hl. Philomena war in dieser Zeit noch im Bau. Bis zum 8. Dezember konnten zwei Räume so weit fertiggestellt werden, dass sie vorübergehend als Kapelle dienen konnten.

Von diesem Tag an benannte Don Bosco sein Oratorium nach dem hl. Franz von Sales (1567–1622). Der äußere Anlass dafür war, dass die Gräfin Barolo ein Bild dieses von ihr sehr verehrten savoyischen Heiligen über dem Kapelleneingang hatte anbringen lassen. Vor allem aber war der heilige Bischof von Genf mit seiner Güte und Menschenfreundlichkeit dem Turiner Jugendapostel ein großes Vorbild für seine erzieherische Arbeit unter den benachteiligten Jugendlichen, ein Vorbild, das er später auch seinen Schülern und Mitarbeitern ans Herz legte. Darum nannte Don Bosco die später von ihm gegründete Ordensgemeinschaft

ebenfalls nach dem hl. Franz von Sales „Salesianer".
Dieser sanftmütige und weltzugewandte Heilige wurde
bis zur Heiligsprechung Don Boscos im Jahre 1934 ihr
erster Patron.

*Das Turiner Hospital der hl. Philomena, wo Don Bosco seine
erste Seelsorgestelle hatte*

Im Winter 1844/45 konnte sich das „Oratorium des
hl. Franz von Sales" noch ungestört entfalten. Doch
je näher die Eröffnung des Kinderkrankenhauses der
hl. Philomena rückte, desto mehr drängte die Gräfin,
dass Don Bosco sich für seine ungestüme Jugend einen
anderen Versammlungsort suchen müsse.

Das Wanderoratorium

Nun war Don Bosco mit seinen Jungen wieder heimatlos. Auf Empfehlung des Erzbischofs bewilligte der Bürgermeister von Turin, dass sie sich bei den Mühlen am Fluss Dora treffen könnten. Doch bald schon gab es dort Klagen und Verleumdungen: Die Ruhe werde gestört, die Zusammenkünfte an den Sonn- und Feiertagen seien gefährlich, es könne zu Aufständen oder gar zu einer Revolution kommen. „Es schien, dass Turin untergehen würde, wenn wir die Versammlungen an jenem Ort weiterführen würden", erinnert sich Don Bosco mit leichter Bitterkeit.

Der Bürgermeister kündigte ihnen den Platz, bot aber auf ein neues Gesuch hin einen besseren Versammlungsort, und zwar in der nahe gelegenen Friedhofskapelle „San Pietro in Vincoli". Hier jedoch war es die Pfarrhaushälterin, die gegen die Zusammenkünfte wetterte und bald auch den dortigen Kaplan auf ihrer Seite hatte. Die Kirche San Pietro in Vincoli und das angrenzende Gelände blieben von da an für Don Bosco und seine Jungen geschlossen. Er erinnert sich: „Die Jugendlichen kamen nun in Scharen zu meiner Wohnung im ‚Kleinen Hospital'. Sie folgten mir auf Schritt und Tritt. Und ich hatte keine Handbreit Boden, wo wir uns hätten versammeln können. Ich verbarg meinen Kummer und zeigte mich von der humorvollsten Seite."

Im Herbst 1845 war Don Bosco nun mit seinen Jugendlichen einmal in dieser, dann in jener Kirche, hörte Beichte, feierte die heilige Messe und erklärte den Katechismus. Er sorgte dafür, dass die Jungen etwas zu essen bekamen, und unternahm mit ihnen Wanderungen in die nähere Umgebung, z.B. auf den Kapuzinerberg, zur Wallfahrtskirche Superga oder zum Jagdschloss Stupinigi.

Im November 1845 mietete Don Bosco gemeinsam mit Don Borel unweit des „Rifugio" im Haus des Theologen Giovanni Antonio Moretta (1777–1847) drei Räume an. Angesichts des verbreiteten Analphabetismus unter seinen Jugendlichen begann er nun mit der Abendschule. Gruppenweise konnten in diesem Winter mehr als 200 Jugendliche lesen und schreiben lernen. Doch schon im März 1846 vermochte sich Don Moretta nicht mehr gegen den Widerstand der anderen Hausbewohner durchzusetzen und musste Don Bosco kündigen.

Zum Glück war der Frühling nahe. Kurzerhand wurde eine nahe gelegene Wiese, die den Brüdern Filippi gehörte, gepachtet. Sie wurde nun Spielplatz, Schule und Kirche in einem, aber wiederum nur für einige Wochen. Der Palmsonntag 1846 sollte der letzte Sonntag sein, an dem sich Don Bosco mit seinen Jungen auf dieser Wiese aufhalten durfte. Don Bosco war völlig niedergeschlagen und fühlte sich sterbenselend, weil er keinen Ort mehr hatte, wo er seine Jugendlichen versammeln konnte. Die Situation schien hoffnungslos.

Wachstum mit Hindernissen
(1846–1856)

Der dunkelste Tag

Der 5. April 1846 war der Palmsonntag. Die Jungen Don Boscos waren zum letzten Mal auf der Filippi-Wiese. Nach der üblichen Vorbereitung zog Don Bosco mit seinen Jungen zur Kapuzinerkirche und feierte dort die heilige Messe. In der Predigt sagte er ihnen: „Ihr seid wie arme Vögel, die man immer wieder aus dem Nest wirft. Bittet die Gottesmutter, dass sie uns ein anderes und dauerhaftes Nest gibt." Die Kapuzinerpatres gaben nach der heiligen Messe für die Jungen ein Frühstück aus.

Der Nachmittag verlief wie immer auf der Wiese, doch Don Bosco stand traurig abseits, mit Tränen in den Augen. Es war zu viel gewesen in der letzten Zeit: Da war die Arbeit im Mädchenheim bei der Gräfin Barolo, wo er neben der seelsorglichen Betreuung auch Unterricht erteilte; dazu kamen die Besuche in den Gefängnissen, die Kontakte zu den Lehrherren seiner Jugendlichen, die werktägliche Abendschule den ganzen Winter hindurch und dann Sonntag für Sonntag 300 bis 400 Jugendliche.

Weil die Jugendlichen ihm auf jeden Wink hin gehorchten, wurde er verdächtigt, junge „Revolutionäre" heranzubilden, und deswegen wurde er von der Polizei bewacht. Und weil er mit den Jugendlichen herumtollte, öffentlich auf einer Wiese betete, predigte und

Beichte hörte und dabei von einem großen Jugendwerk mit Spielhöfen und einer großen Kirche sprach, distanzierten sich auch immer mehr Priester von ihm. Zudem war er mit seinen 31 Jahren gesundheitlich bereits sehr angegriffen, abgemagert und hatte einen Bluthusten.

Auch die erzbischöfliche Kurie ließ ihn beobachten. Zwei wohlmeinende Geistliche dachten sogar, ihn in eine Nervenheilanstalt bringen zu müssen – waren sie doch der Überzeugung, er habe „fixe Ideen". Sie luden ihn scheinheilig zu einer Spazierfahrt mit der Kutsche ein. Don Bosco aber durchschaute ihren hinterhältigen Plan und so landeten sie selbst für einige Stunden hinter Gittern, zum Gelächter der ganzen Stadt. Und schließlich war da noch die Gräfin Barolo, bei der er angestellt war und die immer noch hoffte, er werde seine Jugendlichen aufgeben und sich ganz ihrem Werk widmen. Sie wollte ihn durch ein hohes finanzielles Angebot zu einem längeren Erholungsurlaub bewegen. Selbst sein engster Mitarbeiter Don Borel hatte ihm einige Tage zuvor geraten, seine Arbeit auf nur wenige Jugendliche zu beschränken.

Dieser Nachmittag des 5. April 1846 war wohl einer der dunkelsten Tage im Leben Don Boscos. Er selbst schreibt in seinen „Erinnerungen": „Ich hatte zu allem geschwiegen und doch wussten alle um meine Verlegenheit und Ausweglosigkeit. An jenem Nachmittag schaute ich auf die große Schar der spielenden Jugendlichen. Es war eine reiche Ernte, die der Herr mir bereitet hatte. Aber es gab keine Arbeiter; ich war allein, am Ende meiner Kräfte, mit angegriffener Gesundheit. Und ich wusste nicht, wo ich in Zukunft meine Jugendlichen versammeln sollte. Ich zog mich zurück und ging allein spazieren. Tränen traten mir in die Augen. ‚Mein

Gott', rief ich aus, ‚warum zeigst du mir nicht den Ort, wo ich mich mit meinen Jugendlichen treffen kann? Lass es mich wissen oder zeige mir, was ich tun soll.'"

Ein Zuhause im Pinardi-Schuppen

Kaum hatte Don Bosco gebetet, da kam ein gewisser Pankraz Soave im Auftrag eines Herrn Josef Pinardi, um ihn auf einen Schuppen aufmerksam zu machen, der zu mieten sei. Nun ging alles sehr rasch. Während ein Seminarkollege Don Boscos die Aufsicht über die Jungen übernahm, besichtigte Don Bosco den Schuppen.

Er war 15 Meter lang und sechs Meter breit, an ein Haus angebaut, an der Außenseite aber nur etwas über einen Meter hoch. Herr Pinardi versprach, den Boden des Schuppens innerhalb einer Woche 50 Zentimeter tief ausheben zu lassen und das Dach instand zu setzen, ihm auch das angrenzende Grundstück als Spielwiese zu vermieten und alles bis zum kommenden Sonntag fertigzustellen. Man einigte sich auf eine Jahresmiete von 320 Liren.

Rasch eilte Don Bosco zu seinen Jungen, um ihnen zu verkünden: „Wir haben ein besseres Oratorium!", und ihnen zu sagen, wo sie sich am nächsten Sonntag treffen würden. Don Bosco berichtet weiter: „Um zu danken, knieten wir uns alle das letzte Mal auf dieser Wiese nieder und beteten den Rosenkranz. Und dann gingen alle nach Hause. Es war der letzte Gruß an einem Ort, den jeder liebte, aber in der Hoffnung auf einen besseren ohne Bedauern verließ."

Am Ostersonntag früh wurden dann alle Ausrüstungsgegenstände für die Kapelle sowie die Spielgeräte für die Freizeit in den Pinardi-Schuppen gebracht. Der Bischof hatte die Erlaubnis für die Feier der heiligen Messe und die Spendung der Sakramente auch in dieser bescheidenen Hütte gegeben. Hier sollte das Oratorium des hl. Franz von Sales nun seinen endgültigen Platz finden.

Bald spielte sich im Oratorium ein geregelter Ablauf für die Gestaltung des Sonntags ein. Don Bosco schildert ihn mit großer Ausführlichkeit in seinen „Erinnerungen": Für 8 Uhr war die Messfeier festgesetzt, vorher wurde Beichtgelegenheit gegeben. War ein großer Andrang zur heiligen Beichte, dann wurde die Messfeier oft bis 9 Uhr verschoben. Während der heiligen Messe wurde das Evangelium erklärt und die Kommunion gespendet. Anschließend war oft Katechismusunterricht und Gesang. Am Nachmittag wurde der Rosenkranz gebetet, dann folgte eine Segensandacht.

Die meiste Zeit aber wurde gelaufen, gespielt und gesprungen. Dabei war Don Bosco selbst die Seele dieser Freizeitaktivitäten. „Mir diente diese bescheidene Freizeit auch dazu, um mich jedem Einzelnen zu nähern. Durch ein Wort ins Ohr ermahnte ich den einen zu mehr Gehorsam, einen anderen zu mehr Pünktlichkeit oder zur Genauigkeit im Katechismus, einen Dritten lud ich zur heiligen Beichte ein und so fort."

Stefan Castagna war einer der ersten Besucher des Oratoriums. Er erzählt: „Don Bosco war immer der Erste beim Spiel, die Seele der Freizeit. Ich weiß nicht, wie er es fertigbrachte, aber man fand ihn in jeder Ecke des Hofs und inmitten einer jeden Gruppe von Jugendlichen. Er beobachtete alles. Wir waren zerzaust, verschwitzt, lästig und launenhaft. Und er fand Freude daran, gerade unter den Ärmsten zu sein. Für die Kleinsten fühlte er eine mütterliche Zuneigung. Oft stritten wir und prügelten uns. Er musste dann den Streit schlichten. Dabei hob er den Arm, als wolle er zuschlagen; nie aber schlug er uns."

„Mein ganzes Leben schenke ich euch!"

Am ersten Julisonntag des Jahres 1846 war Don Bosco nach einem heißen und anstrengenden Tag im Oratorium auf sein Zimmer im „Rifugio" zurückgekehrt, einer Ohnmacht nahe, schwer krank. Zu seinem ihn schon länger quälenden Bluthusten kamen hohes Fieber und eine schwere Bronchitis. Die Ärzte machten wenig Hoffnung. Acht Tage lang schwebte Don Bosco zwischen Leben und Tod.

Die Jugendlichen beteten, fasteten und machten Gelübde. In der Wallfahrtskirche Consolata („Maria Trost") bestürmten sie Tag und Nacht die Madonna, die „Trösterin der Betrübten". An einem Sonntag Ende Juli ging Don Bosco schließlich, auf einen Stock gestützt, langsam, Schritt für Schritt, wieder in Richtung Oratorium. Seine Jugendlichen liefen ihm entgegen. Die Großen setzten ihn auf einen Stuhl und hoben diesen auf ihre Schultern. Unter Gesang und Freudentränen ging es dann im Triumphzug in die kleine Kapelle, um gemeinsam Gott zu danken.

Während der anschließenden Stille sagte Don Bosco nur wenige Worte, doch sie waren inhaltsreich und bedeutsam, gleichsam die Weihe seines ganzen Lebens an die Jugend: „Mein ganzes Leben schenke ich euch. Seid versichert, von nun an tue ich alles nur für euch!"

Den Sommer über zog er sich dann in sein Heimatdorf Becchi zurück und erholte sich bei seiner Mutter und seinem Bruder. Inzwischen hatte er im Haus Pinardi drei Zimmer gemietet. Sein treuer Freund Don Borel, der während seiner Genesungszeit das Oratorium weiterführte, hatte Don Boscos wenige Sachen vom „Rifugio" ins Pinardi-Haus gebracht. Der Vertrag mit der Gräfin Barolo war von Don Bosco inzwischen gelöst worden. Am 3. November 1846 zog er gemeinsam mit seiner Mutter in das Pinardi-Haus ein.

Die „Pfarrei der Jugendlichen"

So armselig dieses „Schuppenkirchlein" am Pinardi-Haus war, Don Bosco und seine Jungen hatten nun ein „Zuhause", die Zeit des Wanderoratoriums war vorbei. Und zudem hatte er für diesen Ort das Einverständnis des Erzbischofs. Don Bosco war jetzt ohne Anstellung und festes Einkommen, aber er konnte sich, wie er es versprochen hatte, ganz und ungeteilt seinen Jungen widmen.

Seine erste Mitarbeiterin im Pinardi-Haus in Valdocco war seine Mutter, die einfache Bäuerin aus Becchi. Sie hatte ihren bislang sorgsam gehüteten Brautschmuck mitgebracht, ein goldenes Halsband, Ohrringe und Eheringe. Dies alles hatte sie bald verkauft, um Brot für die Jungen zu besorgen. Zehn Jahre lang, bis zu ihrem Tod am 25. November 1856, arbeitete sie nun mit ihrem Sohn für das leibliche und seelische Wohl der Jugendlichen.

Bald schon mietete der Jugendapostel das ganze Pinardi-Haus und begann, den Abendunterricht weiterzuführen. Er selbst schreibt dazu: „Aber woher die Lehrer nehmen, da es nötig war, immer neue Klassen zu eröffnen? Ich begann, guten und begabten Jugendlichen aus der Stadt zusätzlich Gratisunterricht in Italienisch, Latein, Französisch und Arithmetik zu geben, aber mit der Auflage, dass sie zu mir kamen, um beim Katechismusunterricht zu helfen und in der Sonntags- und Abendschule zu unterrichten. Diese meine Lehrer, anfangs acht bis zehn, wurden immer mehr."

Im Pinardi-Haus in Turin-Valdocco erhielt das Oratorium Don Boscos ab Ostern 1846 endgültig seinen festen Sitz

Das Zentrum seines Werks blieb sein Sonn- und Feiertagsoratorium. Don Bosco war nicht der Erste, der eine solche Arbeit begonnen hat. In verschiedenen Pfarreien wurden damals bereits Jugendliche betreut. Doch waren diese Oratorien meist nur zwei bis drei Stunden geöffnet und rein pfarrlich organisiert; die Priester dort pflegten zudem eine eher „ernste Herzlichkeit", welche Lärm und Begeisterung mäßigte. Auch standen diese Heime meist nur gewissen Gruppen von Jugendlichen offen.

Don Bosco aber hatte den ganzen Tag „Betrieb" und er suchte, vor allem die ärmsten und verlassensten Jugendlichen für sein Oratorium zu gewinnen. Dieses ging über jede Pfarreigrenze hinaus; es war, wie Erzbischof Fransoni sagte, „die Pfarrei der Jugendlichen ohne Pfarrei". Dabei war Don Bosco der Motor für eine „fröhliche Herzlichkeit", er war die Seele der Freizeit und lärmender Spiele, in denen sich eine im Glauben verwurzelte Freude ausdrückte.

Don Bosco achtete sehr darauf, dass das Klima im Oratorium fröhlich, herzlich, familiär und förderlich für das Gute war. Zu diesem Zweck führte er auch eine Art Gruppensystem ein, indem er die Bildung von „Kompanien" bzw. „Bündnissen" förderte. Im Jahre 1847 wurde z. B. das „Aloisiusbündnis" gegründet. Grundziele dieses Bündnisses waren die Meidung schlechter Reden, Kameradschaftlichkeit und der regelmäßige Empfang der Sakramente. Später kam das „Immaculatabündnis" hinzu, das ganz bewusst apostolisch ausgerichtet war.

Am Fest des hl. Aloisius im Jahre 1847 kam Erzbischof Fransoni in das arme Kirchlein Don Boscos, um das Sakrament der Firmung zu spenden. Mit ihm kamen auch einige Kanoniker. 92 Jugendliche und fünf Erwachsene waren auf den Empfang des Sakraments vorbereitet. Sie kamen aus zwölf verschiedenen Pfarreien. Die

Die heutige Pinardi-Kapelle, an deren Stelle das erste „Schuppenkirchlein" des Oratoriums Don Boscos in Turin-Valdocco stand

meisten der Jugendlichen waren im Alter von elf bis 16 Jahren. Als der Bischof sich mit der Mitra auf dem Kopf zur Predigt erhob, stieß er an das Dach der Hütte an. Er und die Anwesenden lachten und der Erzbischof meinte: „Man muss Respekt haben vor den Jungen Don Boscos und ihnen mit entblößtem Haupt predigen."

Nach der Firmung wurden die Firmkarten eingesammelt und ordnungsgemäß an die Taufpfarreien der Jugendlichen verschickt. Der Erzbischof bestätigte so das Oratorium als „Pfarrei der verlassenen Jugend". Für Don Bosco war dies zugleich eine wertvolle Unterstützung gegenüber einigen Pfarrern der Stadt, die seine überpfarrliche Arbeit nicht dulden wollten.

Die ersten „Internen"

Klein und bescheiden begann Don Bosco auch mit dem Internat. Wie er selbst sagte, waren viele Jugendliche aus Turin und Umgebung voll guten Willens, ein sittliches und arbeitsames Leben zu führen, doch hatten sie weder Brot noch Arbeit noch Unterkunft. Zunächst bereitete Don Bosco für besondere Notfälle eine Scheune mit Stroh und Decken vor, doch wurde er wiederholt bestohlen. An einem regnerischen Maitag nun klopfte ein ganz durchnässter 15-jähriger Junge schüchtern an die Tür des Pinardi-Hauses. Don Bosco berichtet uns, was der Junge erzählte: „Ich bin Waise, komme aus dem Dorf Valsesia, bin Maurer und habe keine Arbeit. Ich friere, ich weiß nicht, wohin ich gehen soll." Meine Mutter nahm ihn auf, setzte ihn zum Herdfeuer und gab ihm Suppe und Brot. Auf die Frage: ,Wohin willst du nun gehen?' brach er in Tränen aus und sagte: ,Ich bitte, um der Liebe willen, in irgendeinem Winkel des Hauses übernachten zu dürfen.'" Mutter Margareta richtete in der Küche das Bett für den ersten „Internen" her. Sie legte einige Bretter auf Ziegel und brachte dann einen Strohsack. Dann betete sie mit dem Maurerlehrling und sagte ihm einige gute und belehrende Worte über den Wert der Arbeit und die Treue im Glauben. Die Salesianer sehen in diesem Abendwort der Mutter Don Boscos bis heute die erste „Gute-Nacht-Ansprache"; darunter verstehen sie eine kurze, aktuelle Ansprache des Hausoberen an die Jugendlichen und die Gemeinschaft des Hauses zum Abschluss des Tages. Für Don Bosco sollte diese tägliche kurze Ansprache zu einem wertvollen Erziehungsmittel werden.

Der zweite Junge, den Don Bosco als „Internen" aufnahm, war zwölf Jahre alt und kam aus Turin. Don Bosco hatte ihn weinend auf der Straße getroffen. Der Junge war schon länger vaterlos und am Tag vor dem Zusammentreffen mit Don Bosco war seine Mutter gestorben. Daraufhin hatte ihn sein Hausherr sofort auf die Straße gesetzt, weil die Miete nicht bezahlt war.

Andere Jugendliche kamen hinzu, doch im alten Pinardi-Haus war der Raum begrenzt. Mutter Margareta kochte und verrichtete zusammen mit ihrem Sohn die verschiedenen anderen häuslichen Arbeiten, wie Putzen, Waschen, Flicken und Holzhacken.

Weil Don Bosco die Bildung der Jugend und der einfachen Menschen in der Bevölkerung ein Herzensanliegen war, betätigte er sich schon in diesen Jahren auch als Schriftsteller. Meist schrieb er nachts beim schlechten Licht einer Petroleumlampe. Schon 1845 erschien seine „Kirchengeschichte zum Schulgebrauch", 1847 brachte er eine „Biblische Geschichte" heraus, bestehend aus für Jugendliche ausgewählten und kommentierten Schrifttexten. Und im selben Jahr erschien ein Gebetbuch für seine Jugendlichen mit dem Titel „Il giovane provveduto", wörtlich übersetzt „Der wohlversorgte Jugendliche". Es erreichte zu Lebzeiten Don Boscos 122 Auflagen und kam 1884 in Wien auch in deutscher Sprache heraus. Im Vorfeld der Einführung des Dezimalsystems im Königreich Sardinien-Piemont im Jahre 1850 verfasste Don Bosco 1849 ein Lehrbuch dazu. Die während seines ganzen Lebens von ihm verfassten und veröffentlichten Werke umfassen insgesamt 150 Titel.

Die „Politik des Vaterunsers"

Das Jahr 1848 war politisch sehr unruhig, denn in fast allen großen europäischen Städten gab es Revolution und Umsturz. Vielfach wurden konstitutionelle Verfassungen eingeführt. 1846 war Pius IX. (1792–1878) zum Papst gewählt worden und hatte zunächst den nationalliberalen Kräften etwas Hoffnung gemacht. Als er dann klärend einiges zurücknahm und sich nicht am Ersten Italienischen Unabhängigkeitskrieg beteiligte, erstarkte der Antiklerikalismus.

In Sardinien-Piemont hatte König Karl Albert (1798–1849) im März 1848 der Umwandlung des Königreichs in eine konstitutionelle Monarchie zugestimmt. Im Zuge der Gleichberechtigung aller Bürger wurde nun auch den bisher nur geduldeten Religionsgemeinschaften der Protestanten und Juden volle Religionsfreiheit gewährt. Die bisherige Immunität des Klerus wurde aufgehoben. Der Klerus und die kirchentreue Bevölkerung im Königreich Sardinien-Piemont standen dem Pluralismus nun auf einmal ziemlich schutzlos und unvorbereitet gegenüber. Über Priester und Religion machte man sich öffentlich lustig. Dazu kam noch der Beginn der Italienischen Unabhängigkeitskriege gegen Österreich. Der Erzbischof von Turin, Monsignore Fransoni, musste sogar seine Diözese verlassen und die Seminare in Turin und Chieri wurden geschlossen.

Don Bosco versuchte, sich und auch sein Oratorium aus den tagespolitischen Ereignissen herauszuhalten. Er pflegte zu sagen: „Meine Politik ist die des Vaterunsers." Er wollte vor allem Gutes tun und wusste, eine Entscheidung für eine bestimmte Partei könnte leicht eine Entscheidung gegen eine andere sein. Aber immer und allen gegenüber verteidigte er die Wahrheit und den Papst. Diese Haltung ermöglichte es ihm später, zwischen dem Papst und der italienischen Regierung in den Fragen der Bischofsernennungen zu vermitteln. Ähnlich war seine Haltung bezüglich der sozialen Frage. Ihm ging es primär nicht darum, Strukturen zu verändern, sondern ganz konkret zu helfen. Später sagte er einmal: „Sicher brauchen wir in der Welt auch Menschen, die Gefahren erkennen, Ratschläge geben und politische Entscheidungen treffen. Aber diese Aufgabe ist nichts für uns arme Teufel." Ein andermal führte er aus: „Gott hat uns nicht für die Politik berufen, sondern damit wir der armen und verlassenen Jugend helfen. Es fehlt in der Kirche nicht an jenen, die es verstehen, diese heiklen und oft gefährlichen Aufgaben zu lösen. In einem Heer gibt es Soldaten, die kämpfen, und andere, die für den Nachschub und andere Aufgaben zuständig sind. Die Zusammenarbeit führt zum Sieg."

In dieser Zeit des Antiklerikalismus und der nationalen Bewegung wurden viele Anschläge auf Don Bosco verübt. Einmal wurde durch ein Fenster auf ihn geschossen, während er gerade Katechismusunterricht erteilte; man versuchte, ihn zu vergiften; wie durch ein Wunder entging er einer Messerstecherei. Der Hass auf den Jugendapostel wurde noch größer, als er damit begann, die Schriftenreihe der „Letture Cattoliche" („Katholische Lektüren") herauszugeben. Die piemontesische Bischofskonferenz hatte 1849 die Herausgabe angeregt und Don Bosco hatte 1853 damit begonnen. Monatlich erschien ein Heft mit circa 100 Seiten, einfach und volkstümlich geschrieben und ausschließlich religiösen Inhalts. Die Sprache aber war klar und furchtlos, sodass die Gegner sich herausgefordert fühlten. Don

Bosco musste lange suchen, bis ein Bischof den Mut hatte, ihm die Druckerlaubnis zu erteilen.

Damals erschien im Oratorium ein geheimnisvoller großer Hund, von dem man nicht wusste, woher er kam. Lange Zeit hindurch begleitete er Don Bosco bei seinen Gängen, verteidigte ihn gegen Angreifer und manchmal hinderte er ihn auch daran, das Haus zu verlassen. Man nannte ihn einfach „den Grauen".

Auf eigenem Grund und Boden

Don Bosco beklagt in seinen „Erinnerungen", dass die Lehrlinge und Schüler auf dem Weg in die Schule und am Arbeitsplatz großen Gefahren ausgesetzt gewesen seien: „Damals begann ich, ihnen nach den Gebeten am Abend eine kleine Ansprache zu halten, um ihnen die Wahrheit darzulegen und sie in ihr zu stärken. Im Laufe des Tages wurde ihr ja in abenteuerlichster Weise widersprochen."

In dieser unruhigen Epoche versuchte Don Bosco, räumlich und personell immer unabhängiger zu werden. Er kaufte das Pinardi-Haus, das er bisher gemietet hatte, und gab den Auftrag zum Bau der Kirche des hl. Franz von Sales. Die erste Kapelle im Pinardi-Schuppen war zwar vergrößert worden, aber trotzdem immer noch zu klein und vor allem zu niedrig. Don Bosco schreibt: „Da man beim Eingang zwei Stufen hinuntersteigen musste, waren wir im Winter und in der Regenzeit oft überschwemmt, während wir im Sommer vor Hitze und übermäßigem Modergeruch beinahe erstickten. Es vergingen nur wenige Feiertage, ohne dass ein Schüler ohnmächtig wurde."

Der Glocken-
turm der
1851/52 errich-
teten Kirche des
hl. Franz von
Sales in Turin-
Valdocco

Um Geld für den Kirchenbau aufzutreiben, veranstaltete Don Bosco eine große Lotterie. In einem Aufruf an die Bürger von Turin, den er für die Lotteriekommission verfasst hatte, wurden die Not der Jugend und die Zielsetzung der Oratorien eindrucksvoll dargestellt. 3.300 Preise gab es zu gewinnen. Die öffentliche Ziehung fand im Stadtpalais statt. Der Reingewinn betrug 26.000 Franken, von denen Don Bosco sofort die Hälfte dem „Kleinen Haus der göttlichen Vorsehung" Don Cottolengos schenkte, das unmittelbar benachbart war. Am 20. Juli 1851 erfolgte die Grundsteinlegung und ein Jahr später wurde die Kirche geweiht. 28 Meter lang und 11 Meter breit, wirkte sie im Vergleich zum Pinardi-Haus wie eine Kathedrale.

Aus dem Jahr 1852 sind uns die ersten Lehrverträge erhalten, die Don Bosco mit den Meistern der Stadt für

Der ab 1852/53 errichtete Erweiterungsbau des Pinardi-Hauses. In diesem Bau befinden sich die sogenannten „Camerette", wo Don Bosco wohnte und arbeitete

seine Lehrlinge abschloss. In ihnen wurden der arbeitsfreie Sonntag, die Entlohnung, das Ausbildungsziel und das Verbot von Arbeiten, die nicht der Ausbildung dienen, festgelegt. Der Meister verpflichtete sich, dass er den Lehrling „stets auf freundschaftliche Weise auf seine Fehler aufmerksam macht, immer mit belehrenden Worten und nie mit einer Misshandlung; dass er ihn mit Arbeiten beschäftigt, die seiner Ausbildung, seinem Alter, seinen Fähigkeiten und Kräften entsprechen, und niemals mit Arbeiten, die nicht in den Bereich seines zukünftigen Berufs gehören."

Noch im selben Jahr begann Don Bosco auch mit dem Bau eines Internatsgebäudes, das im Oktober 1853 bezogen werden konnte. Im Pinardi-Haus begann man außerdem mit der Einrichtung eigener Lehrwerkstätten.

Ein Klima für geistliche Berufe

Don Bosco wusste: Jede Generation muss über die Jugend neu für Gott gewonnen werden, und dazu brauchte er vor allem Priester. Don Bosco tat sehr viel für die Förderung der geistlichen Berufe, und dies in einer beispielhaften Art. Für zwei Gruppen von Jugendlichen interessierte sich Don Bosco besonders: zum einen – davon war schon die Rede – für die ausgegrenzten, obdachlosen, verwaisten, arbeitslosen oder auf irgendeine Weise ausgebeuteten jungen Menschen; die zweite Gruppe waren begabte Jugendliche aus guten Familien, die Interesse an einem geistlichen Beruf hatten. Selten kam er von seinen Seelsorgereisen und Ferienfahrten zurück, ohne einen Jungen mitzubringen, der Interesse hatte, einmal Priester zu werden.

Wie schon erwähnt, war der Zeitgeist kirchenfeindlich und antiklerikal und der Priesterberuf war, ganz im Gegensatz zu der Zeit vor 1848, kein sehr gefragter oder anerkannter Beruf mehr. Die Seminare waren geschlossen oder fast leer. Die große Erzdiözese Turin hatte 1852 gerade mal 14 Seminaristen! Im Haus Don Boscos aber herrschte ein anderer Geist. Was Johannes Bosco für die Förderung seiner eigenen Berufung als wertvoll erlebt hatte, das pflegte er nun auch bei seinen Jugendlichen in Valdocco: regelmäßigen Empfang des Bußsakraments, große Liebe und Verehrung des heiligsten Altarsakraments und einfaches, aber regelmäßiges Beten. Dazu kamen ein Klima des Vertrauens, der Herzlichkeit und der Familiarität sowie die Förderung apostolischer Gruppen. Dieses frohe, apostolische Leben war ansteckender als der negative Einfluss von außen.

Ein Jugendlicher, der zu dieser Zeit und in diesem Klima bis zur Heiligkeit reifte, war Dominikus Savio (1842–1857). Im Jahre 1854 hatte ihn Don Bosco auf einer seiner berühmten Herbstwanderungen mit seinen Jugendlichen kennengelernt. Der Junge wollte studieren und Priester werden. Dominikus war ein begabter Junge vom Land, eher etwas ruhig und ernst, und er neigte in seinem religiösen Bemühen zu asketischen Übungen, wie Fasten und Nachtwachen. Don Bosco nahm ihn in seinem Streben ernst und führte ihn auf kluge Weise.

„Bei uns besteht die Heiligkeit in der Fröhlichkeit!" – Dieses Wort Don Boscos galt besonders dem jungen Dominikus. Er wirkte im Oratorium engagiert mit und gründete unter der Anleitung Don Boscos das „Immaculatabündnis", eine apostolische Gruppe, die den guten Geist im Oratorium in jeder Weise zu fördern suchte. Immer schon von schwacher Gesundheit, erkrankte Dominikus jedoch schwer und starb, nur 15-jährig, schon 1857. Im Jahre 1954 wurde er heiliggesprochen. Er selbst konnte zwar nie Priester werden, aber viele seiner Freunde aus dem Immaculatabündnis fanden durch ihn den Weg zum Priestertum.

Als sich in den folgenden Jahren die Priesterseminare allmählich wieder füllten, hatte Don Bosco daran einen großen Anteil. 1873 gab es in der Erzdiözese Turin wieder 150 Seminaristen und 110 von ihnen kamen aus den Schulen Don Boscos. Er gründete auch das Werk für Spätberufene zum Priestertum und machte Papst Leo XIII. (1810–1903) sogleich nach dessen Wahl in einem Schreiben auf dieses Anliegen aufmerksam: „Das Grundübel in unserer Zeit ist der Mangel an Arbeitern für den Weinberg des Herrn. Daher muss mit

größter Sorgfalt Priester- und Ordensnachwuchs ge-
sucht werden, gleichsam zwischen Hacke und Hammer.
Dabei darf man nicht auf das Alter und das Vermögen
schauen." Man spricht von über 2.000 Diözesan- und
Ordenspriestern, die Don Bosco zeit seines Lebens der
Kirche zugeführt haben soll, von den Salesianern einmal ganz abgesehen.

Doch gehen wir wieder zurück in das Jahr 1854, in dem
Dominikus Savio in das Oratorium in Turin eingetreten
war. Seit über zehn Jahren arbeitete Don Bosco damals
schon für die Jugend. Diese Zeit gilt als die „goldene
Zeit" seines Wirkens. Sein Werk hatte sich inzwischen
gefestigt und wurde mehr und mehr anerkannt. Viele Mitarbeiterinnen und Mitarbeiter hatte er in diesen
zehn Jahren geformt, sowohl Priester als auch Laien.
Doch insbesondere die Priester hatten ihn nach eini-
ger Zeit meist wieder verlassen, um andernorts andere
Aufgaben zu übernehmen.

Die ersten, die sich 1854 durch ein einfaches Versprechen ihm und seinem Werk verpflichteten, waren vier
seiner Jugendlichen. Unter ihnen waren auch Michael
Rua (1837–1910), der später Don Boscos „rechte Hand"
war, nach dessen Tod sein erster Nachfolger werden
sollte und im Jahre 1971 seliggesprochen wurde, und
Johannes Cagliero (1838–1926), der im Jahre 1875 die
erste Gruppe von Salesianermissionaren leiten und
später Kardinal werden sollte. Diese vier jungen Leute
waren die Keimzelle, aus der später die „Gesellschaft
des hl. Franz von Sales", der Orden der Salesianer Don
Boscos, hervorgehen sollte.

Mit Blick auf die Mitarbeiter Don Boscos sei hier auch
nochmals seiner Mutter gedacht, die in all diesen Jah-

Don Bosco und Mama Margareta vor dem Pinardi-Haus

ren seine engste Mitarbeiterin war und das familiäre Klima im Haus Don Boscos durch ihren einfachen, selbstlosen und von einem tiefen Glauben getragenen Dienst entscheidend mitprägte. Im Alter von 69 Jahren wurde sie am 25. November 1856 in die ewige Heimat gerufen. Als „Mama Margareta" ist sie den Söhnen Don Boscos in lebendiger Erinnerung geblieben. Im Jahre 2005 wurde sie von Papst Benedikt XVI. für verehrungswürdig erklärt.

Das Werk breitet sich aus
(1856–1876)

Die Gründung der Salesianer

„Ich bin immer so vorgegangen, wie Gott es mir eingab und die Umstände es erforderten", so konnte Don Bosco, auf sein Planen und Arbeiten zurückblickend, sagen. Er hatte sein Werk am Vorabend des liberalen Umsturzes in Italien begonnen. Sein Anliegen war es, den Jugendlichen zu helfen, „gute Bürger und aufrechte Christen" zu werden, ihnen einen Weg zu zeigen, damit sie „schon in diesem Leben und dann im jenseitigen Leben glücklich werden".

Als ab 1848, dem Erscheinungsjahr des Kommunistischen Manifests, Freidenker, religiöse Sekten und politische Gruppierungen ihre Intoleranz gegenüber Glaube und Kirche unter Beweis stellten, hatte Don Bosco schon seinen Weg gefunden, um der Jugend und der einfachen Bevölkerung zu helfen. Sein Oratorium, seine Lehrwerkstätten und Schulen wurden immer mehr bekannt. Auch die einfache und klare Art, in der er sich als Schriftsteller für Glaube und Kirche einsetzte, kam bei den Gläubigen gut an. Nun ging es aber darum, dem Werk Bestand zu geben.

1854 hatten einige junge Männer, wie erwähnt, ein einfaches Versprechen zur Nächstenliebe abgelegt, aber es fehlte noch eine klare Struktur. Man riet Don Bosco, einen Orden zu gründen. Selbst der antiklerikale Justiz- bzw. Innenminister Urbano Rattazzi (1808–1873), der im Königreich Sardinien-Piemont alle Orden, die nicht rein soziale oder erzieherische Aufgaben hatten, aufgelöst und ihre Kirchengüter eingezogen hatte, erteilte ihm den Rat zu einer Ordensgründung, schätzte er doch die soziale Bedeutung der Arbeit Don Boscos sehr.

1858 fuhr der Jugendapostel erstmals nach Rom, um Papst Pius IX. seine Pläne vorzulegen. Der Papst ermutigte ihn, eine Kongregation mit einfachen Gelübden zu gründen. Die Mitglieder sollten hinsichtlich ihrer Kleidung und religiösen Verpflichtungen nichts Auffallendes an sich haben. Damals ließ sich der Heilige Vater auch alle Ereignisse aus dem Leben Don Boscos erzählen, die mit der Entstehung seines Jugendwerks in Beziehung standen, und gab ihm, wie bereits erwähnt, den Rat, dies alles aufzuschreiben. Er erkannte hinter allem die Führung durch den Geist Gottes.

Am 18. Dezember 1859 um 21 Uhr versammelten sich im Zimmer Don Boscos der Priester Vittorio Alasonatti (1812–1865) und 16 junge Männer, alle Schüler und vertraute Mitarbeiter Don Boscos und in der Ausbildung, und erklärten ihre Bereitschaft, Salesianer zu werden. Sie legten vorerst ein einfaches Versprechen ab. Im Mai 1861 begannen sie ihr kirchliches Probejahr, das Noviziat, und am 14. Mai 1862 legten die ersten Salesianer ihre Ordensprofess ab. Es war aber noch ein beschwerlicher Weg für Don Bosco, bis 1869 die „Gesellschaft des hl. Franz von Sales", wie die Salesianer Don Boscos offiziell bis heute heißen, endgültig vom Heiligen Stuhl approbiert und dann am 3. April 1874 auch die Ordensregel anerkannt wurde. Auf dem Weg dorthin waren viele Widerstände und Schwierigkeiten zu überwinden. Nicht wenigen, gerade auch Verantwortlichen in der Kirche, fiel es schwer, das neue Bild vom Ordensleben zu erfassen, das Don Bosco für seine Salesianer im Dienst an der Jugend vor Augen hatte.

Gegenüber Don Giulio Barberis (1847–1927), dem ersten Novizenmeister der Kongregation, bemerkte Don Bosco eines Tages in Bezug auf die Anerkennung seiner Gründung: „Man kann sagen, alle waren gegen uns und wir mussten uns gegen alle zur Wehr setzen. Überall wehte der Wind gegen unseren Kurs: bei den weltlichen Gesetzgebern und in der Kurie, bei gewissen Ordensgemeinschaften, in den Familien und in der Gesellschaft. Wenn nicht Gott selbst unsere Kongregation gewollt hätte, wäre es unmöglich gewesen, das zu erreichen, was wir erreichten."

Das Werk Don Boscos breitete sich rasch aus. Heime, Kirchen, Schulen und Lehrwerkstätten wurden noch zu seinen Lebzeiten über Italien hinaus auch in Frankreich und Spanien sowie in einigen anderen Ländern Europas und in Südamerika gegründet. Im Jahre 1888, dem Todesjahr des Heiligen, lebten und arbeiteten insgesamt 773 Salesianer mit Profess in 58 Häusern in seinem Geist für junge Menschen und zudem gab es 276 Novizen.

Eine Gemeinschaft für die Mädchen – im selben Geist

Im April 1871 rief Don Bosco die Mitglieder des Obernrates zusammen, um mit ihnen eine „Angelegenheit von größter Wichtigkeit" zu besprechen. Er sagte ihnen: „Wiederholt und von verschiedenen Seiten wurde ich ersucht, das wenige Gute, das wir für die männliche Jugend tun durften, auch für die Mädchen zu tun. Wenn ich nur auf meine eigene Neigung achten wollte, dann dürfte ich diese Art des Apostolats nicht beginnen. Aber ich fürchte, ich würde in diesem Fall gegen den Plan der göttlichen Vorsehung handeln. Ich ersuche euch, das Für und Wider klar abzuwägen. Auch sollten im kommenden Monat alle gemeinsamen Gebete in der Absicht verrichtet werden, in diesem Anliegen den Willen Gottes zu erkennen."

Don Bosco war kein Freund langer und verschlungener Wege. Tauchte ein neuer Plan auf, so beriet er sich, betete und ließ beten. Kam er zu einem Entschluss, dann wurde rasch, großzügig und entschieden gehandelt; so auch in diesem Fall. Als er einige Monate später seinen Rat wieder zusammenrief, waren alle der Meinung, auch für die Mädchen müsse etwas geschehen. Nun legte er seine Pläne vor.

Die Keimzelle für diese neue Schwesternkongregation sollte eine Frauengemeinschaft in Mornese bilden, einem Bauerndorf im Gebiet von Alessandria. Don Domenico Pestarino (1817–1874) war Pfarrer dieses Orts. Er hatte Don Bosco in Genua kennengelernt, später das Oratorium in Valdocco besucht und auch die Gelübde als Salesianer abgelegt. Don Bosco hatte ihm aber geraten, als Pfarrer in seinem Ort zu bleiben.

Im Jahre 1864 war Don Bosco anlässlich einer Herbstwanderung mit einer Gruppe Jugendlicher und der Musikkapelle des Oratoriums fünf Tage lang in Mornese gewesen. Don Pestarino hatte ihm bei dieser Gelegenheit die „Töchter der Immaculata" vorgestellt, eine apostolisch und karitativ sehr engagierte Gruppe junger Frauen. Die Seele der Gruppe war die damals

27-jährige Bauerntochter Maria Dominika Mazzarello (1837–1881). Sie vereinigte eine tiefe Frömmigkeit mit praktischem Sinn und großer geistiger Begabung. Bei der Pflege Typhuskranker in ihrer Jugend selbst schwer erkrankt, konnte sie nur mehr leichte Arbeiten verrichten. So hatte sie sich der Schneiderei zugewandt und für die Mädchen des Orts eine Nähschule gegründet.

Die Einwohner von Mornese waren von Don Bosco begeistert gewesen. Auf seine Anregung hin hatte man begonnen, ein Kolleg zu bauen, das den Jungen des Orts dienen und zugleich eine Art kleines Seminar werden sollte. Der Jugendapostel hatte den Bau dieses Werks mit Interesse verfolgt und Mornese 1867 und 1870 erneut besucht. Mit dem gleichen Interesse hatte er auch den geistlichen Wachstumsprozess der Frauengruppe um Maria Mazzarello verfolgt und gefördert.

Nach dem Obernratsbeschluss im Mai 1871 fuhr Don Bosco nun im Juni nach Rom, um auch bezüglich der Gründung einer Schwesterngemeinschaft den Rat des Heiligen Vaters einzuholen. „Euer Plan scheint mir ganz nach dem Willen Gottes", sagte dieser. „Ich denke, die Schwestern müssten als erste Aufgabe die Formung und Erziehung der Mädchenjugend haben, so wie die Salesianer für die männliche Jugend arbeiten, in Verbundenheit mit Euch und Euren Nachfolgern. Verfasst in diesem Sinne die Konstitutionen und beginnt."

Don Pestarino teilte der Gruppe den Plan Don Boscos mit. Diejenigen unter den jungen Frauen, die sich dazu bereiterklärten, sollten den Kern einer neuen Schwesterngemeinschaft bilden, die nach dem Willen Don Boscos den Namen „Institut der Töchter Mariä Hilfe der

Das Kolleg in Mornese, ab 1872 erster Sitz des Instituts der Don-Bosco-Schwestern

Christen" tragen sollte. Das von den Bewohnern des Dorfs ursprünglich für die männliche Jugend erbaute Kolleg sollte die erste Niederlassung der Schwestern werden.

Don Pestarino versammelte alsbald die Gemeinschaft der 27 Frauen, um eine Oberin zu wählen. 21 Stimmen entfielen auf Maria Mazzarello. Am 5. August 1872 war die erste Einkleidung und Profess, dabei erhielten 15 Schwestern das geistliche Kleid und elf von ihnen legten sogleich auf drei Jahre die Ordensprofess ab. Bittere Armut war zu Gast im Haus der ersten „Don-Bosco-Schwestern", wie sie heute im deutschsprachigen Raum meist genannt werden, aber auch ein Geist tiefer und inniger Gottverbundenheit, Opferbereitschaft, herzlicher Freude und Familiarität.

Porträt Maria Mazzarellos

Die Gemeinschaft wuchs sehr rasch und 1876 gab es bereits sechs Niederlassungen. 1877 zog die erste Gruppe der Töchter Mariä Hilfe der Christen nach Argentinien, um gemeinsam mit den Salesianern in der Mission zu arbeiten. Der Mitgründerin und ersten Generaloberin Maria Dominika Mazzarello war es nur neun Jahre lang gegönnt, die Ausbreitung des Werks zu begleiten. Am 14. Mai 1881 wurde sie, 44-jährig, heimgerufen in die ewige Freude. Im Todesjahr Don Boscos – er starb sieben Jahre später – gab es bereits 415 Schwestern und 164 Novizinnen in 54 Niederlassungen. Die Mitgründerin und erste Generaloberin des heute weltumspannenden Werks der Schwestern wurde am 24. Juni 1951 heiliggesprochen. Ihr Leib ruht, wie auch der Don Boscos und Dominikus Savios, in der Maria-Hilf-Basilika in Turin.

„Salesianer in der Welt"

So wie der Bauernjunge aus Becchi von Gott vielfach durch „Träume" geführt wurde, so war er auch ein „Träumer" in dem Sinn, dass er immer wieder neue Ziele vor Augen hatte, um der Jugend zu dienen und für das Reich Gottes zu arbeiten. Ein großes Anliegen war es ihm, alle guten Kräfte zu vereinen, viel Gutes zu tun und das Gute auch bekannt zu machen.

In der Mitte des 19. Jahrhunderts entstanden viele von Laien gegründete oder geförderte soziale und karitative Einrichtungen. Auch Don Bosco suchte vom Beginn seines Werks an die Zusammenarbeit mit den Laien. Sein schwerer Weg zum Priestertum hatte ihn dafür vorbereitet. In der Einfachheit seines Elternhauses, als Bauernknecht bei fremden Leuten oder als arbeitender Student in Chieri hatte er das Leben kennengelernt und sich darin geübt, mit den Leuten zusammenzuarbeiten. In Turin war er als Neupriester der Not und den Gefahren der Großstadt begegnet. Die Zusammenarbeit mit allen Menschen guten Willens wurde darum etwas Bestimmendes in seinem Leben. Er selbst schreibt dazu: „Kaum hatte ich 1841 mit dem Werk der Oratorien begonnen, kamen eifrige Priester und Laien, um mir zu helfen, jene reiche Ernte einzubringen, die sich mir unter der gefährdeten Jugend anbot."

Don Boscos Mitarbeiter kamen aus allen gesellschaftlichen Schichten; es waren Adelige, einfache Arbeiter und Kaufleute, es waren Schüler und Studenten sowie Erwachsene in schon fortgeschrittenem Alter. Je nach ihren Möglichkeiten, gaben sie Katechismusunterricht, halfen in der Abendschule oder beaufsichtigten die Jugendlichen während der Freizeit. Andere ermittelten an den Sonntagen im Oratorium jene, die keinen Arbeitsplatz hatten, und verschafften ihnen eine Lehre bei einem tüchtigen Meister. Frauen waren darauf bedacht, Jugendliche, die ganz verschmutzt waren, mit sauberer Kleidung und sauberer Wäsche auszustatten, und halfen später im Heim. Don Bosco war überzeugt, dass es wichtig sei, diese guten Kräfte zu einer Vereinigung zusammenzuschließen und sie in einem Geist zu formen. Wiederholt brachte er in diesem Zusammenhang den Vergleich, dass es leicht sei, einen einzelnen Faden zu zerreißen, wenn sich aber viele Fäden zu einem Seil verbänden, dann könne dieses nicht so einfach zerrissen werden: „Wir müssen uns in diesen Zeiten vereinigen, um den Geist des Gebets und der Liebe mit allen Mitteln zu verbreiten."

Den ersten Versuch, eine Vereinigung zu gründen, machte er schon 1850. Als in ihm dann die Idee einer Ordensgemeinschaft reifte, wollte er unterscheiden zwischen den „internen Salesianern", die seinem Werk ganz zur Verfügung stünden und in Gemeinschaft lebten, und den „externen Salesianern". Unter Letzteren verstand er Männer und Frauen, die in ihren Familien lebten und sich, je nach Zeit und Fähigkeit, im Jugendwerk Don Boscos engagierten. Sein diesbezüglicher Regelentwurf fand jedoch in Rom wenig Verständnis. Und auch seine eigenen Mitbrüder haben lange Zeit nicht begriffen, was Don Bosco mit den „externen Salesianern" wollte.

Erst nach der Approbation der Regel für die Gesellschaft des hl. Franz von Sales, also die „internen Salesianer", fand Don Bosco auch für seine „Laienbewegung" eine passende Struktur. Er nannte sie „Fromme Vereinigung der Salesianischen Mitarbeiter" und verfasste auch für sie eine entsprechende Regel, die dann 1876 vom Heiligen Stuhl anerkannt wurde. Das Grundziel dieser Vereinigung hatte sich in den Jahren bis zu ihrer endgültigen Anerkennung nicht geändert und ist auch heute noch gültig: Die Mitglieder sollen im Geist des Evangeliums leben und Gutes tun, dies zunächst von sich aus durch ein engagiertes christliches

Leben. Sie sollen darüber hinaus die Salesianer und die Schwestern in deren Unternehmungen unterstützen und gemeinsam mit ihnen der Jugend dienen, damit diese vor Gefahren geschützt und in ihren Begabungen gefördert wird, um sie auf ein glückliches und engagiertes Leben in Gesellschaft und Kirche vorzubereiten.

Nach dem Zweiten Vatikanischen Konzil (1962–1965) musste auch die Regel der „Vereinigung der Salesianischen Mitarbeiter" neu ausgearbeitet werden. Beim Zweiten Weltkongress der Salesianischen Mitarbeiter im November 1985 wurde der Text endgültig erstellt und am 9. Mai 1986, 110 Jahre nach der Approbation der ersten Regel, vom Heiligen Vater bestätigt. Die Weltkongresse von 2006 und 2012 haben die Statuten und Satzungen der Vereinigung noch einmal überarbeitet und für die sich stellenden neuen Herausforderungen aktualisiert. In den circa 140 Jahren seit ihrer Gründung haben die Salesianischen Mitarbeiter Don Bosco immer mehr als ihren „Stifter" mit einem eigenen Charisma für die ganze Kirche entdeckt. Salesianischer Mitarbeiter oder Salesianische Mitarbeiterin zu sein, bedeutet vor allem, in der Nachfolge Jesu Christi die eigene christliche Berufung ganz bewusst im Geist Don Boscos zu leben, und dies mit einer großen Aufmerksamkeit für die Anliegen der Jugend, insbesondere der benachteiligten jungen Menschen.

Ein Jahr nach der Anerkennung der Frommen Vereinigung der Salesianischen Mitarbeiter begann Don Bosco, das Mitteilungsblatt „Bollettino Salesiano", die „Salesianischen Nachrichten", herauszugeben. Im August 1877 erschien die erste Nummer. Es war ein Grundsatz Don Boscos, das Gute nicht nur zu tun, sondern es auch bekannt zu machen. Die Welt sollte erfahren, wie viel

Das von Don Bosco 1877 ins Leben gerufene Mitteilungsblatt „Bollettino Salesiano"

Gutes geschieht. 100 Jahre nach dem Tod des Gründers erscheinen die „Salesianischen Nachrichten" weltweit in rund 50 verschiedenen Ausgaben und in 20 Sprachen. Diese weite Verbreitung ist ein Hinweis auf die große Ausdehnung des salesianischen Jugendwerks. Don Bosco bediente sich dieser Monatszeitschrift, um den Missionsgedanken zu fördern und Mittel für seine Missionare und ihre vielfältigen Projekte zu sammeln. Im deutschsprachigen Raum tragen die „Salesianischen Nachrichten" heute den Namen „Don Bosco Magazin".

Der Missionsgedanke entfaltet sich

Für die Anliegen der Mission war Johannes Bosco seit seiner Seminarzeit sehr aufgeschlossen gewesen. Nach der Priesterweihe im Konvikt hatte er sich mit dem Gedanken getragen, bei den „Oblaten der Makellosen Jungfrau Maria" einzutreten und in die Mission zu gehen. Aus diesem Grund hatte er auch Spanisch gelernt. Immer hatten ihn die „Jahrbücher der Päpstlichen Missionswerke" interessiert und gelegentlich hatte er daraus Beiträge für seine eigenen Schriften übernommen. Don Bosco war zudem ein Freund des Kanonikers Giuseppe Ortalda (1814–1880), der von 1851 bis 1880 in Turin für die Missionsanliegen zuständig war.

Durch das Erste Vatikanische Konzil (1869–1870) erhielt der Missionsgedanke in der katholischen Kirche einen starken Impuls. Die Bischöfe aus Asien, Afrika und Amerika machten in Rom besonders auf das Missionsanliegen aufmerksam. Die Anerkennung der Salesianer als Kongregation päpstlichen Rechts und ihre Ausbreitung über die Erzdiözese Turin hinaus waren für die Verwirklichung des Missionsgedankens weitere Voraussetzungen.

Um 1871 hatte Don Bosco seinen ersten Missionstraum. Er befand sich darin auf einer großen, weiten, aber unkultivierten Ebene; im Hintergrund war ein Gebirgszug zu sehen. Die Bewohner der Ebene hatten einen wilden Gesichtsausdruck, waren notdürftig mit Fellen bekleidet und bekämpften einander mit Lanzen und Messern. Auch europäisch gekleidete Soldaten wurden von ihnen bekämpft und getötet. Die ganze Ebene war mit Leichen übersät. Dann sah Don Bosco in seinem Traum die Salesianer kommen. Ganz besorgt wollte er sie zurückhalten, weil er für sie dasselbe Schicksal befürchtete. Doch die Salesianer wurden von den Bewohnern freudig aufgenommen, der wilde Volksstamm wurde friedlich und alle nahmen den christlichen Glauben an.

Don Bosco dachte nach diesem Traum oft darüber nach, was das für ein Volk gewesen sein könnte. Schon lagen aus Übersee verschiedene Gesuche vor, in denen Don Bosco gebeten wurde, Salesianer zu senden; doch er hatte noch nichts entschieden. Da kam 1874 der Konsul von Argentinien, Giovanni Battista Gazzolo (1827–1895), sprach im Namen des Erzbischofs von Buenos Aires vor und bat um Missionare. Als Don Bosco dann anhand von Karten und Skizzen Argentinien näher studierte, erkannte er das von ihm im Traum gesehene Gebiet: Es war der Süden des Landes, Patagonien.

Auf dem Weg nach Argentinien

Nun hatte Don Bosco Klarheit und er handelte sehr konsequent. Noch im Dezember 1874 traf das konkrete Gesuch des Erzbischofs von Buenos Aires ein. Die Salesianer sollten die Pfarrei San Nicolás übernehmen. Im Gebiet dieser Pfarrei wohnten viele italienische Auswanderer. Zugleich sollten sie dort ein Kolleg für die Jugend weiterführen. Postwendend nahm Don Bosco zu den Vorschlägen Stellung und legte seinen Plan dar: Er werde einige Priester und Brüder schicken, die in Buenos Aires einen ersten Stützpunkt für die Arbeit der Salesianer in Südamerika errichten sollten. Ihre erste Aufgabe werde es sein, für die arme und verlassene Jugend zu sorgen und sich in Katechese, Schule und Predigt zu betätigen, vor allem in Sonntagsoratorien. Zu einem späteren Zeitpunkt sollten sie dann das Werk in San Nicolás übernehmen. Von diesen beiden Stützpunkten aus sollten die Salesianer sich danach anderen Aufgaben widmen und möglichst rasch den Völkern in Patagonien zuwenden. Schon am 27. Januar 1875 kam die Antwort des Erzbischofs: Er sei mit den Vor-schlägen Don Boscos einverstanden. Zwei Tage später, am 29. Januar, dem damaligen Fest des hl. Franz von Sales, verkündete Don Bosco in Anwesenheit des ar-gentinischen Konsuls: Die Salesianer gehen nach Süd-amerika! Die Begeisterung war groß.

Von den vielen, die sich bereit erklärt hatten, in die Mission zu gehen, wählte Don Bosco sechs Salesianer-priester und vier Salesianerbrüder aus. Der Leiter der Gruppe sollte der 37-jährige Don Giovanni Cagliero sein; er war gesund, intelligent und voller Unterneh-mungsgeist. Freilich war er auch im Oratorium fast un-ersetzlich: theologisch gut gebildet, ein hervorragender Lehrer, Musiker, Komponist und geistlicher Leiter ver-schiedener religiöser Institute in Turin. Cagliero wurde, wie bereits erwähnt, später Bischof und schließlich der erste Salesianerkardinal.

Michele Schemboche, Erste Missionsaussendung von Sale-sianermissionaren im Jahr 1875. Don Bosco überreicht Don Giovanni Cagliero die Konstitutionen

Am 11. November 1875 fand in der Maria-Hilf-Basilika in Turin die Aussendungsfeier für die ersten Salesianermissionare statt. Die dritte Aussendung im Jahre 1877 zählte dann bereits 36 Salesianer und sechs Schwestern. Don Bosco selbst konnte insgesamt elf Missionsaussendungen leiten. Obwohl die Salesianer und die Don-Bosco-Schwestern mehr als Erzieherorden bekannt sind, zählen sie zu den größten Missionsorden der Kirche. Zu Beginn lag der missionarische Schwerpunkt in Südamerika, es folgten dann Asien und seit den 80er-Jahren des 20. Jahrhunderts Afrika als missionarische Schwerpunktgebiete des salesianischen Wirkens.

Don Bosco hatte seinen ersten Missionaren eine persönliche Empfehlung mitgegeben, die zum Ausdruck brachte, wie er seine Missionare haben wollte. Einige Sätze seien hier herausgegriffen:

- „Sucht Seelen, nicht Geld noch Ehren noch Würden."
- „Nehmt euch mit besonderer Sorge der Kranken, der Kinder, der Alten und der Armen an. So werdet ihr euch den Segen Gottes und das Wohlwollen der Menschen erwerben."
- Lasst die Welt erkennen, dass ihr arm seid an Nahrung, Kleidung und Wohnung. Dann seid ihr reich vor Gott und werdet über die Herzen der Menschen gebieten."
- „In allen Mühen und Leiden vergesst nicht, dass uns ein großer Lohn im Himmel bereitet ist."

Die Missionsmethode der Salesianer war immer dieselbe. Man kümmerte sich zuerst um die Kinder und Jugendlichen und gab ihnen Unterricht und Ausbildung.

Auf dem Weg über die Kinder und Jugendlichen fand man dann Zugang zu den Erwachsenen. So war, von Don Boscos Zeiten angefangen, salesianische Mission immer Hilfe zur ganzheitlichen Förderung des Menschen – und das ist heute noch so. Seine Nachfolger fassen ihr pädagogisch-pastorales Handeln in seinem Geist heute in dem Wort zusammen: *erziehend evangelisieren und evangelisierend erziehen.*

Kennzeichen des Geistes Don Boscos

Don Boscos Geist ist reich und vielfältig. Es ist hier nicht möglich, ihn erschöpfend skizzieren zu wollen. Nur drei besonders kennzeichnende Aspekte seiner Spiritualität sollen herausgegriffen und hervorgehoben werden: seine tiefe Liebe zur Kirche, seine innige Marienverehrung und seine apostolische Liebe als Triebfeder seines Handelns.

Liebe zur Kirche

Von Kindheit an war Don Bosco zutiefst in der Kirche als seiner geistigen und geistlichen Heimat verwurzelt. Er war ein „Mann der Kirche". Und das ignatianische „sentire cum ecclesia", das „Fühlen mit der Kirche", war für ihn eine nie zu hinterfragende Selbstverständlichkeit, die er auch seinen Mitarbeitern und Jugendlichen zu vermitteln versuchte. In einer Zeit, in der der christliche Glaube und die katholische Kirche mannigfaltigen Infragestellungen ausgesetzt waren, sah Don Bosco – wie die meisten seiner katholischen Glaubensbrüder und -schwestern – in der Kirche die „Arche des Heils", im Papsttum das unerlässliche Prinzip der kirchlichen Einheit und im Papst den Steuermann, der allein in der Lage war, das vom Sturm bedrohte Schiff der Kirche sicher durch das „Meer der Zeiten" zu steuern.

Für den Turiner Jugendapostel zeigte sich die Liebe zur Kirche darum vor allem in der Liebe zum Papst, den er als den Vater der großen Familie der Gläubigen ansah. Darum war er immer beseelt von einer tiefen Liebe und Hochachtung gegenüber dem Heiligen Vater in Rom und versuchte, diese Liebe auch seinen Salesianern und der Jugend einzupflanzen. Er pflegte seinen Salesianern und Jugendlichen zu sagen: „Keine Mühe ist zu groß, wenn es um die Kirche und das Papsttum geht."

Don Bosco war zutiefst überzeugt von der einzigartigen Würde und Aufgabe des Petrusamts. Diese sah er begründet im Wort des Herrn an Simon Petrus: „Du bist Petrus und auf diesen Felsen werde ich meine Kirche bauen und die Mächte der Unterwelt werden sie nicht überwältigen" (Mt 16,18). Darüber hinaus pflegte Don Bosco aber auch sehr persönliche, von gegenseitigem Vertrauen getragene, ja freundschaftliche Beziehungen zu den Päpsten Pius IX. und Leo XIII.

Das Pontifikat von Pius IX. war das bisher längste in der Kirchengeschichte, von 1846 bis 1878. Dies waren zugleich die entscheidenden Jahre in der Entwicklung des salesianischen Werks. Gleich nach der Papstwahl 1846 ließ Don Bosco, damals noch im Pinardi-Schuppen, ein „Tedeum" singen. Eine von Pius IX. erlassene Amnestie für politische Gefangene und einige andere Reformen im Kirchenstaat in den ersten zwei Jahren seiner Amtszeit ließen bei vielen die Hoffnung aufkommen, der neue Papst werde zur nationalen Einigung Italiens beitragen. Als er sich dann aber, wie erwähnt, weigerte, mit dem Kirchenstaat in den Ersten Italienischen Unabhängigkeitskrieg gegen Österreich (1848/49) einzutreten, hetzte man gegen ihn. Er musste

Rom verlassen und floh nach Gaeta im Königreich beider Sizilien. Don Bosco dagegen ließ in dieser Situation der Bedrängnis bei seinen Jungen für den Papst sammeln und schickte ihm als Zeichen ihrer Verbundenheit 33 Lire. Pius IX. sandte dafür den „jugendlichen Werktätigen des Priesters Johannes Bosco als Zeichen seiner väterlichen Liebe" Rosenkränze. Als Don Bosco im März 1858 erstmals beim Heiligen Vater war, erinnerte sich dieser dankbar an die ihm zugesandten 33 Lire. Bei der Verabschiedung griff er in eine Lade, nahm einige Münzen heraus und gab sie dem Jugendapostel mit dem Auftrag, er möge seinen Jungen in Erinnerung an ihn eine besondere Zugabe beim Essen zukommen lassen.

Die Verkündigung des Dogmas von der Unbefleckten Empfängnis Mariens am 8. Dezember 1854 hob das Ansehen des Papstes innerkirchlich sehr. Doch zwischen der liberalen Regierung des Königreichs Sardinien-Piemont und dem Heiligen Stuhl gab es große Spannungen. Durch seine „Politik des Vaterunsers" erwarb sich Don Bosco das Vertrauen sowohl des Papstes als auch der antiklerikalen italienischen Regierung von Sardinien-Piemont. Und so konnte er, wie erwähnt, später auch in der heiklen Frage der zahlreichen unbesetzten Bischofsstühle und der Ernennung neuer Bischöfe, die für beide Seiten annehmbar waren, als Vermittler zwischen dem Heiligen Stuhl und der italienischen Regierung fungieren. 34 Bischöfe wurden 1867 durch Vermittlung Don Boscos neu ernannt. So half er, die in den Ortskirchen zunehmenden Schwierigkeiten zu lösen.

Für den 8. Dezember 1869 wurde das Erste Vatikanische Konzil einberufen. 767 Bischöfe nahmen daran

Don Bosco an seinem Schreibtisch im Jahre 1861

teil. Auch Don Bosco war in Rom und setzte sich im Kreise der Bischöfe in kluger und überzeugender Weise für die Verabschiedung des Dogmas von der Unfehlbarkeit des Papstes in Fragen des Glaubens und der Sittenlehre ein. Der Ausbruch des Deutsch-Französischen Krieges 1870/71 erzwang jedoch den Abzug der französischen Truppen aus Rom, die den Papst schützen sollten. Dadurch konnten die Truppen des neuen Königreichs Italien am 20. September 1870 Rom besetzen und das weltliche Herrschaftsgebiet des Papstes, den Kirchenstaat, annektieren. Das Konzil, das sich in einer Sitzungspause befand, wurde nicht wieder aufgenommen. Auf eine persönliche Anfrage hin ließ Don Bosco dem Papst sagen, er möge Rom nicht verlassen. Auch nach dem Ende des Kirchenstaats vermittelte Don Bosco weiter zwischen der italienischen Regierung und der Römischen Kurie.

Als Pius IX. am 7. Februar 1878 starb, war Don Bosco in Rom. In tiefer und herzlicher Trauer nahm er Abschied von diesem großen Papst, der ihm ein väterlicher Freund geworden war. Er bekam den Auftrag, bei der italienischen Regierung zu erkunden, ob sie einen ungestörten Ablauf des Konklaves gewährleisten würde. Sein dabei gegebener Hinweis, man könne das Konklave ja auch in Wien oder Avignon abhalten, verfehlte die Wirkung nicht. Aus dem Konklave ging schließlich Erzbischof Joachim Pecci als Papst Leo XIII. hervor. Schon am 16. März empfing er Don Bosco und wünschte als Erstes, Salesianischer Mitarbeiter zu werden.

Pius IX. hatte in Rom den Bau einer großen Kirche zu Ehren des Heiligsten Herzen Jesu begonnen. Leo XIII. wollte den Bau weiterführen, doch aus Mangel an Mitteln hatte man es nur bis zu den Fundamenten geschafft. Man riet dem Papst, er möge sich an Don Bosco wenden, denn dieser werde in seiner Ergebenheit gegenüber dem Heiligen Vater das Unmögliche möglich machen. Dies war im Jahre 1880. Don Bosco sagte auf die entsprechende Anfrage hin: „Der Wunsch des Papstes ist mir Befehl" und bat darum, neben der Kirche auch ein Jugendheim und ein Sonntagsoratorium bauen zu dürfen. Dem Kirchenbauer Don Bosco ging es stets darum, dass die ihm anvertrauten jungen Menschen Kirche als Ort des geteilten Lebens und des gelebten Glaubens erfahren konnten. Am 14. Mai 1887 konnte die fertig erbaute Herz-Jesu-Kirche dann geweiht werden. Bis heute ist sie eine beliebte Seelsorgskirche nahe dem römischen Bahnhof Termini.

Die von Don Bosco erbaute Herz-Jesu-Kirche in Rom und das ebenfalls von ihm errichtete Istituto Sacro Cuore

Die Beschaffung der für diesen Kirchenbau notwendigen Geldmittel hatte Don Bosco aber gesundheitlich arg mitgenommen und viel Kraft gekostet. Noch drei andere Kirchen waren zur selben Zeit im Bau und jährlich galt es, die Mittel für eine Missionsaussendung aufzubringen. Um zu Geld zu kommen, machte Don Bosco seine berühmten Reisen nach Frankreich und Spanien. Überall wurde der Jugendapostel begeistert empfangen. Auf diese Weise führte er die Menschen zusammen und ließ sie Kirche erfahren. Von diesen Reisen sind uns viele Wunderberichte überliefert, die der Kraft des von Don Bosco gespendeten „Maria-Hilf-Segens" zugeschrieben wurden.

Mit Maria innig vertraut

Ohne Zweifel kann Don Bosco zu den großen Marienverehrern in der Geschichte der Kirche gerechnet werden. Der Traum, den er als neunjähriger Junge gehabt hatte, hatte eine große Bedeutung für sein Leben. Der vornehme Herr in diesem Traum hatte ihm damals eine Lehrmeisterin versprochen. Es sei hier nochmals daran erinnert, was Don Bosco dazu erzählt: „Da sah ich neben dem Herrn eine majestätisch aussehende Frau in einem herrlich glänzenden Mantel. Sie merkte, dass ich von vorhergehenden Fragen noch ganz verwirrt war, und bat mich, näher zu treten. Gütig nahm sie mich an der Hand."

Don Bosco wusste sich zeit seines Lebens von Maria „bei der Hand genommen" und geführt. In seinem sogenannten „Berufungstraum" war dem Jugendapostel sein Arbeitsfeld gezeigt worden und er war in der Methode der Güte und Milde unterwiesen worden. Der vornehme Herr hatte sich dabei als der Sohn derjenigen bezeichnet, die täglich dreimal zu grüßen Mutter Margareta ihren Johannes gelehrt hatte. Gemeint war mit diesem Gruß „Der Engel des Herrn", der seinerzeit am Morgen, am Mittag und am Abend gebetet wurde. Für Johannes war dieses Gebet keine bloße Routine, die er nur in der Kinderstube geübt hatte. Als er als 15-Jähriger in der Meierei Moglia arbeitete, trug sich z. B. folgende Begebenheit zu: Eines Mittags kamen die Moglias und ihre Helfer ganz verschwitzt von der Feldarbeit auf den Hof zurück, als man von Moncucco her das Angelusläuten hörte. Ein wenig abseits von den anderen kniete sich Johannes nun sofort nieder und betete den „Engel des Herrn", so wie er es gewohnt war.

Josef, ein Onkel des Hofbesitzers, brummte daraufhin halb im Ernst und halb im Scherz: „Wir Bauern arbeiten uns müde von früh bis spät und können einfach nicht mehr. Der Junge nimmt alles leicht und betet." Johannes aber entgegnete ihm: „Du weißt, dass ich mich vor der Arbeit nicht drücke. Aber meine Mutter hat mich gelehrt: Wenn man betet, wachsen aus zwei Körnern vier Ähren, und wenn man nicht betet, wachsen aus vier Körnern zwei Ähren."

Durch das tägliche Beten wurde Maria für Johannes zur Mutter im Alltag des Lebens und war für ihn damit viel mehr als nur die Große Frau bei Wallfahrten und an Feiertagen. Dies hatte sich schon in Becchi gezeigt, wenn er, wie erwähnt, zur Winterszeit in der Wohnstube neben dem Stall seine Geschichten vorlas und dabei immer mit einem „Gegrüßet seist du, Maria" endete; es hatte sich auch im Sommer bei seinen Vorführungen gezeigt, wenn er diese mit dem Rosenkranzgebet begann, und in der Meierei Moglia, wenn Luigi Moglias Frau, Dorotea, ihn bat, den Rosenkranz vorzubeten, weil er so gesammelt beten könne.

Seine Marienfrömmigkeit verdankte Don Bosco in besonderer Weise seiner Mutter. Erinnern wir uns daran, was sie ihm am Tag vor seinem Eintritt ins Priesterseminar gesagt hatte: „Als du zur Welt kamst, weihte ich dich der Gottesmutter; als du deine Studien begonnen hast, empfahl ich dir die Verehrung dieser unserer Mutter. Nun empfehle ich dir, ganz ihr zu gehören." Maria wurde dem Neunjährigen Mutter und Lehrerin zugleich. Eine Lehrerin war für den Bauernjungen nicht in erster Linie jemand, der intellektuelle Kenntnisse und Begriffe vermittelt, sondern jemand, der Ratschläge für das Leben gibt, der Dinge und Zusammenhänge zu verstehen lehrt, auf Charakterfehler aufmerksam macht und entschlossen weiterführt zum Guten.

Zur Zeit Don Boscos gab es jedoch auch Einseitigkeiten und Übertreibungen in der Marienverehrung. Bald nach dem Tod seines Freundes Alois Comollo, der 1839 noch als Seminarist gestorben war, hat Johannes Bosco eine Biografie über ihn geschrieben. Darin lässt er ihn am Sterbebett sagen: „Hüte dich vor denen, die meinen, wenn sie ein Gebet an die Gottesmutter richten und ein kleines Opfer bringen, werden sie schon von ihr beschützt, während sie gleichzeitig ein freies und zügelloses Leben führen. Es ist besser, sie gar nicht zu verehren als auf diese Weise. Sei ein wahrer Verehrer der Gottesmutter, indem du ihre Tugenden nachahmst, und du wirst die Wirkungen ihrer Güte und Liebe erfahren."

Der Don-Bosco-Forscher Pietro Stella sagt dazu: „Aus den Schriften Don Boscos ergibt sich: Wahre Marienverehrung hat ihren Ursprung in einem wirksamen Verlangen nach einem tugendhaften Leben; sie zeigt sich in der Übung der Tugend und in den Akten der Verehrung." Don Bosco wusste, dass Maria immer auf ihren Sohn Jesus Christus verweist und seine Jünger zur entschiedenen Christusnachfolge einlädt: „Was er euch sagt, das tut!" (Joh 2,5)

Nicht nur in der Jugendzeit Don Boscos, auch bei allen wichtigen Etappen in der Entstehung des salesianischen Werks gab es diese besondere Beziehung zu Maria. Einige Momente seien hier beispielhaft angeführt: Als Don Bosco mit dem Maurerlehrling Bartolomeo Garelli die erste Katechese hielt, betete er mit ihm ein „Ave Maria". Er bezeichnete diese Begebenheit rückblickend als den Beginn seines Werks und schrieb diesem einfachen Gebet alles spätere Gelingen zu. Als er nach drei Jahren aus dem kirchlichen Konvikt ausziehen musste und verunsichert war ob des „Ortes, der Mittel und der Personen", die ihm künftig zur Verfügung stehen würden, sah er im Traum sein Werk; und Maria ging als Hirtin der Herde voran und führte sie an den neuen Ort. Als der 31-jährige junge Priester schwer krank war und im Sterben lag, hatten seine Jugendlichen selbst schon ein so großes Vertrauen zur Gottesmutter, dass sie diese so lange ununterbrochen bestürmten, bis „ihr Don Bosco", auf einen Stock gestützt, sie wieder besuchen konnte. Und als am 26. Januar 1854 vier Jugendliche vor Don Bosco ein einfaches Versprechen ablegten, sagte dieser: „Die himmlische Mutter will, dass wir eine Gesellschaft gründen. Wir werden uns Salesianer nennen." Diese vier jungen Leute wurden die Keimzelle der Salesianischen Kongregation.

Jenes Jahr 1854 wurde auch bedeutsam durch die Verkündigung des Dogmas von der Unbefleckten Empfängnis der allerseligsten Jungfrau Maria, die als „Immaculata" besonders verehrt wurde. Da in der zweiten Hälfte des 19. Jahrhunderts moderne Irrlehren, Gottlosigkeit und sogar Hass gegen die Kirche und den Papst zunahmen, wurde Maria, durch Hirtenschreiben und Predigten angeregt, in der Volksfrömmigkeit besonders als die Frau angerufen, welche der Schlange den Kopf zertritt und alle Irrlehren überwindet. Don Bosco hingegen zeigte seinen Jungen die Immaculata als die Mutter der Reinheit. Er verstand es, dadurch bei ihnen einen großen apostolischen Eifer und einen starken Einsatz für das Gute zu bewirken. Das von Dominikus Savio gegründete Immaculatabündnis war ein

Ausdruck dieser Frömmigkeitsform und ihrer apostolischen Fruchtbarkeit.

Als um 1860 der Titel „Maria Hilfe der Christen" auch für Don Bosco bedeutsam wurde, unternahm er alles, die Marienverehrung unter diesem Titel zu verbreiten. Zu dieser Zeit ging es um die nationale Einigung Italiens und Rom sollte die Hauptstadt des neuen Königreichs Italien werden. Die Katholiken konnten sich aber die Souveränität des Papstes ohne den Kirchenstaat nicht vorstellen. Die Gläubigen wurden zu Gebeten eingeladen, besonders zu „Maria Hilfe der Christen". In Spoleto hatte man ein altes Gnadenbild nach diesem Titel benannt und auf ein Wunder hin eine Maria-Hilf-Kirche erbaut. Am 30. Mai 1862 erzählte Don Bosco von einem Traum, den er gehabt hatte, dem sogenannten „Traum von den zwei Säulen": Das Schiff der Kirche, vom Papst gelenkt, wurde in diesem Traum von den Wellen bedroht und von vielen feindlichen Schiffen aus beschossen. Doch zum Schluss fand es Ruhe in einem sicheren Hafen zwischen zwei Säulen, von denen die eine die heiligste Eucharistie repräsentiert, die andere Maria Hilfe der Christen.

Die unruhigen Zeiten und zugleich seine starke Hoffnung auf die wirkmächtige Hilfe Mariens veranlassten Don Bosco, in Turin-Valdocco mit dem Bau der großen Maria-Hilf-Basilika zu beginnen. Die Kirche des hl. Franz von Sales war längst zu klein geworden für die wachsende Zahl seiner Jungen. Im Rathaus war man mit dem Bauprojekt einverstanden, wollte auch eine Subvention geben wie bei allen Pfarrkirchen Turins, aber der beabsichtigte Titel sollte geändert werden. Don Bosco reichte daraufhin die Pläne nochmals ein, einfach unter der Bezeichnung „Kirche von Valdocco", und erhielt nun die Erlaubnis zum Bauen. Den vorgesehenen Titel änderte er aber nicht! Mit acht Soldi in der Tasche begann er den Bau. „Die Madonna selbst wird für das Geld sorgen", sagte er aus tiefster Überzeugung zum Baumeister. Und seinen Mitbrüdern versicherte er: „Jeder Ziegel dieser Kirche ist ein Gnadenerweis der Gottesmutter." Maria erwies sich als seine wirksamste „Almosensammlerin". Unzählige Gnadenerweise und sogar Heilungen wurden der Fürsprache der Helferin der Christen zugeschrieben.

Don Bosco selbst befand sich in einer Verlegenheit, weil sich der Ruf seiner Heiligkeit immer mehr verstärkte. Er fragte den damals bekanntesten Moraltheologen Italiens, Bischof Giovanni Battista Bertagna (1828–1905), um Rat. Dieser sagte dazu später bei Don Boscos Seligsprechungsprozess unter Eid aus: „Während eines Exerzitienkurses erbat Don Bosco meinen Rat. Er wollte wissen, ob er fortfahren solle, Kranke zu segnen und ihnen Bildchen vom Erlöser und von Maria Hilfe der Christen zu geben. Das errege nämlich so viel Aufsehen wegen der Heilungen, die ans Wunderbare grenzten. Ob gut oder nicht, ich hielt es für geraten, er möge mit seinen Segnungen fortfahren."

Am 9. Juni 1868 wurde die neu erbaute Kirche unter dem Titel „Maria Hilfe der Christen" geweiht. Sie wurde für Turin und das ganze Piemont ein bedeutendes Heiligtum zu Ehren der Gottesmutter. Und sie ist bis heute das geistliche Zentrum der weltweiten Don-Bosco-Familie.

Vieles weitere tat Don Bosco, um die Gottesmutter unter dem Titel der Helferin zu verehren und diese Verehrung zu verbreiten. Zwei Dinge sind noch besonders

Die zwischen 1863 und 1868 erbaute Maria-Hilf-Basilika in Turin-Valdocco

zu erwähnen: Die von ihm unter dem Namen „Töchter Mariä Hilfe der Christen" gegründete Schwesterngemeinschaft sollte ebenfalls ein lebendiger Lobpreis auf die wirkmächtige Hilfe der Christen sein. Und auch sein Werk für Spätberufene zum Priesteramt stellte er unter den Schutz Mariens – ist doch Maria, die zur Berufung, Mutter des Heilands zu sein, ihr Ja gesprochen hat (Lk 1,38), die „Mutter aller Berufenen".

Maria wurde dem Heiligen immer vertrauter. Er hatte ein lebendiges Bewusstsein von ihrer persönlichen Gegenwart in der Heilsgeschichte. Die folgende Begebenheit mag dies verdeutlichen: Im August 1885 nahm Don Bosco an einer Professfeier der Maria-Hilf-Schwestern, wie sie im deutschen Sprachraum auch genannt werden, in Nizza-Monferrato teil. Er war sehr müde, konnte nur sitzen und seine Stimme war sehr schwach. Dennoch wurde er nach der Feier um einige Worte gebeten. Don Giovanni Bonetti (1838–1891) stand ihm dabei zur Seite und wiederholte die schwer verständlichen Worte Don Boscos. Dieser sagte: „Wenn ich spräche, wie viel hätte ich euch zu sagen. Aber ich bin alt ... Ich möchte euch nur sagen, dass die Madonna euch sehr liebt. Ihr sollt wissen, dass sie jetzt unter euch ist." Don Bonetti wiederholte mit lauter Stimme: „Don Bosco wollte damit sagen, dass die Madonna eure Mutter ist, dass sie auf euch schaut und euch beschützt." „Nein, nein," widersprach Don Bosco, „ich will sagen, dass die Madonna wirklich gegenwärtig ist in diesem Haus und dass sie mit euch zufrieden ist." Und wieder Don Bonetti: „Don Bosco sagt euch, wenn ihr gut seid, wird die Madonna mit euch zufrieden sein." „Aber nein, nicht so! Ich will sagen, dass die Gottesmutter wirklich da ist, unter euch. Die Madonna geht in diesem Haus auf und ab und schützt es mit ihrem Mantel."

Maria war Don Bosco die vertraute Mutter, auch an seinem Sterbetag, an dem er murmelte: „In deine Hände empfehle ich meinen Geist ... O Mutter ... Mutter, öffne mir die Pforten des Paradieses."

Gedrängt von der Liebe des Guten Hirten

Im Jahre 1878 schrieb Don Bosco mit großen Buchstaben auf die Titelseite der „Salesianischen Nachrichten" ein Wort, das dem hl. Dionysius Areopagita zugeschrieben wird: „Unter den göttlichen Dingen ist dieses das göttlichste: mitzuarbeiten mit Gott zum Heil der Seelen." Don Bosco war zutiefst davon überzeugt, dass Gott das Heil der Menschen will und dass er dies in Jesus Christus den Menschen angeboten hat. Er erlebte es selbst, dass die Mitarbeit des Menschen am Heilsplan Gottes eine beglückende Aufgabe ist. Und weil viele junge Menschen dank ihm dieselbe Erfahrung machen durften, breitete sich die Kongregation rasch aus. Der Leitspruch, an dem Don Bosco sein Leben ausrichtete und den er auch den von ihm gegründeten Gemeinschaften mitgab, war: „Da mihi animas, cetera tolle" – „Herr, gib mir Seelen, alles andere nimm".

Don Bosco war sich gewiss: Gott will das Glück des Menschen in diesem und im zukünftigen Leben und er will dazu die Mitarbeit der Menschen. Daraus erwuchs eine apostolische Grundhaltung, die sich bei ihm schon in der Kindheit entfaltete. Erinnern wir uns daran, wie er als Kind mit Schrammen im Gesicht heimgekommen war und dann der Mutter gesagt hatte: „Weißt du, Mutter, wenn ich bei ihnen bin, dann schimpfen und fluchen sie nicht." Erinnern wir uns auch daran, wie er sich gemüht hat, sich eine Vielfalt von Fähigkeiten anzueignen, um so seine Freunde für sich zu gewinnen und für das Gute zu begeistern.

Als junger Student und auch im Seminar litt er an der reservierten Haltung vieler damaliger Priester. Er selbst wollte daher später auf die Jugend und die Menschen zugehen. Die Liebe Christi, des Guten Hirten, der den Verlorenen nachgeht (Lk 15,3–10; Joh 10,1–21), wurde sein Vorbild, an dem er sich in seinem Fühlen, Denken und Handeln ausrichtete. Das Wort des Apostels Paulus bringt die Triebfeder von Don Boscos pastoraler Liebe zum Ausdruck: „Die Liebe Christi drängt uns" (2 Kor 5,14). Doch diese Liebe muss auch erfahren werden können. So war es schon bei Jesus, so wollte es auch Don Bosco. Einer seiner pädagogischen Grundsätze war deshalb: „Die Jugendlichen sollen nicht nur geliebt werden, sie müssen dies auch spüren". Und wie erfinderisch war Don Bosco dabei! Seine Liebe war konkret und lebensnah, dadurch erfahrbar und wirklich effektiv helfend. Die wenigen bereits erwähnten Beispiele in dieser Kurzbiografie zeigen dies.

Don Alberto Caviglia (1868–1943), der Don Bosco noch persönlich erlebt hatte und ein guter Don-Bosco-Kenner war, schreibt: „Seine Waffe war die Güte, und zwar eine alltägliche, bescheidene, herzliche, liebenswürdige Güte; manchmal väterlich, dann mütterlich und auch brüderlich. Nicht eine Güte, die sich würdigt, sich gnädigst herabzulassen, sondern eine Güte, die mit dem und für den lebt, dem sie sich zuwendet, eine Güte, die die anderen an die eigene Stelle setzt und von der Sorge um das Brot übergeht zur kleinen, gefälligen Aufmerksamkeit, zum guten Wort, zum Lächeln und zum Ertragen. ... Er hatte uns gern, er liebte uns und wir spürten es: Die ‚amorevolezza', die er zu einer der Grundsäulen seines Systems machte, bedeutet einfach: ‚die Jugend gernhaben, sie lieben.'"

Die „amorevolezza" als erfahrbare liebevolle Zuwendung und geschwisterliches Mitsein ist ein wesentlicher und unverzichtbarer Grundzug der Pädagogik Don Boscos. Als der Heilige 1884 für längere Zeit in Rom war, schrieb er an seine Gemeinschaft in Turin einen bemerkenswerten Brief. Dieser sogenannte „Rombrief" gilt als eine der schönsten Abhandlungen über seine pädagogischen Ideen. Don Bosco beklagt darin, dass in seinem Haus in Turin die liebenswürdige Herzlichkeit und das freundschaftlich-brüderliche Miteinander verloren gegangen seien und damit noch etwas Wichtigeres: die Atmosphäre der Familiarität. Er hatte es während seiner Jugendzeit im Seminar in Chieri persönlich erlebt, wie kalt und unfreundlich es wird, wenn die Oberen in Distanz zu den ihnen anvertrauten jungen Menschen leben und wenn diese anfangen, ihnen aus dem Weg zu gehen. Don Bosco zufolge sollen die Erzieher immer das Leben mit den Jugendlichen teilen. Dabei geht es ihm um eine wertschätzende und fördernde Präsenz und um ein aufmerksames und beseelendes Mitleben, das bei den Salesianern „Assistenz" genannt wird.

Don Bosco glaubte an das Gute im Menschen. Er suchte auch noch im schwierigsten Jugendlichen den guten Kern und schenkte ihm sein Vertrauen. Er wusste, dass hinter allem die liebevolle Güte des Vatergottes steht, der selbst nie das Vertrauen in die Menschen verloren hat und der das Glück und das Heil aller Menschen will. Sicher kannte Don Bosco die Schwäche des Menschen, ja, er rechnete mit ihr und baute vor, wo er nur konnte. Aber aus dem Grundvertrauen in Gottes Güte erwuchsen ihm ein unverbrüchlicher Optimismus und eine tiefe Freude, die in der Frohen Botschaft wurzelt. Und diese Freude sollte in seinen Häusern auch erfahrbar werden. „Bei uns besteht die Heiligkeit in der Fröhlichkeit!", hieß es, wie erwähnt, im Oratorium in Valdocco. Seinen besten Schüler, Dominikus Savio, der durch Zurückgezogenheit und Bußübungen den Weg zur Heiligkeit gehen wollte, führte Don Bosco zur Fröhlichkeit und zum Apostolat unter den Gleichaltrigen, und Dominikus erreichte gerade auf diesem Weg sein Ziel.

Don Bosco ist einer gesunden Askese nicht aus dem Weg gegangen. Er hat von seinen Mitbrüdern und Mitarbeitern Opfer und Selbstüberwindung verlangt. „Arbeit und Mäßigkeit werden die Kongregation zur Blüte

Porträt Don Boscos aus dem Jahr 1885

bringen", sagte er seinen Salesianern. Doch die Askese war für Don Bosco nicht Selbstzweck; sie sollte vor allem im Eifer in der Verkündigung des Evangeliums und in der radikalen Verfügbarkeit im Dienst an der Jugend bestehen. So hatte Don Bosco es selbst seinen jungen Mitarbeitern vorgelebt. Seit seinem ersten Textentwurf aus dem Jahre 1860 heißt es in der Ordensregel der Salesianer: „Wenn es um die Verherrlichung Gottes und das Heil der Menschen geht, ist der Salesianer immer bereit, Hitze und Kälte, Hunger und Durst sowie Mühen und Verachtung zu ertragen."

Don Bosco selbst arbeitete viel und verlangte dies auch von seinen Mitarbeitern. Er war dabei konkret und lebensnah und verstand es, sich den gegebenen Umständen anzupassen. „Wenn es um Dinge geht, die der gefährdeten Jugend dienen und helfen, Menschen für Gott zu gewinnen," so sagte er einmal, „gehe ich bis zur Verwegenheit." Der Salesianer solle sich dabei in seinem Apostolat weder von Bequemlichkeit noch vom Wunsch nach Wohlstand leiten lassen, weil ihn das von den armen und benachteiligten Jugendlichen entferne, die Don Bosco so sehr am Herzen lagen.

Die tiefsten Quellen, aus denen dem hl. Johannes Bosco für all sein unermüdliches Tun immer wieder neue Energie zufloss, waren seine Intimität mit dem eucharistischen Christus und seine enge Gottverbundenheit. Von Don Bosco wird gesagt: „Er war kontemplativ in der Aktion und aktiv in der Kontemplation." Aus dieser tiefen Verbundenheit mit Gott schöpfte er die Kraft, in seinem von Arbeit erfüllten Leben immer für die anderen, vor allem für die Jugend, da zu sein.

Die Vollendung

Am 31. Januar 1888 holte Gott Johannes Bosco heim in die ewige Freude. Mit 73 Jahren waren seine Kräfte restlos verbraucht. Schon bald nach Don Boscos Tod setzten die Bemühungen um seine Seligsprechung ein; so konnten noch viele seiner Mitarbeiter und Schüler als Zeugen vernommen werden. Im Jahre 1929 fand diese Seligsprechung statt und schon am Ostersonntag 1934 wurde Don Bosco heiliggesprochen. Anlässlich seines 100. Todestages im Jahre 1988 verlieh ihm Papst Johannes Paul II. den Titel „Vater und Lehrer der Jugend".

Don Bosco ist ein Heiliger, der uns bis heute viel zu sagen hat: Denn er war modern und fortschrittlich, lebensnah und weltoffen; er vereinigte alle Kräfte für das Gute und war erfüllt von einer tiefen Liebe zu Papst und Kirche; in der Feier des Bußsakraments und der Verehrung des eucharistischen Herrn suchte er die barmherzige Liebe Gottes erfahrbar zu machen; voller Vertrauen auf Maria Hilfe der Christen und in inniger Verbundenheit mit Gott war er selbstlos und unermüdlich tätig im Dienst an der Jugend, insbesondere an den ausgegrenzten und benachteiligten jungen Menschen.

Papst Benedikt XVI. zählt ihn in seiner Enzyklika „Deus caritas est" (2005) mit Recht zu den „berühmten Vorbildern sozialer Liebestätigkeit für alle Menschen guten Willens". Und er sagt auch ausdrücklich vom hl. Johannes Bosco: „Die Heiligen sind die wahren Lichtträger der Geschichte, weil sie Menschen des Glaubens, der Hoffnung und der Liebe sind."

Literatur

Verwendete Publikationen

Bosco, Giovanni: Memorie dell'Oratorio di San Francesco di Sales, hrsg. v. Eugenio Ceria, SEI, Turin 1946.

Bosco, Teresio: Don Bosco. Una biografia nuova, ELLEDICI, Leumann (Turin) 1978.

Brocardo, Pietro: Don Bosco: profondamente uomo, profondamente santo, LAS, Rom 1985.

Lemoyne, Giovanni Battista; Amadei, Angelo; Ceria, Eugenio (Hrsg.): Memorie Biografiche di San Giovanni Bosco, Bd. I–IXX (Bd. XX: Generalindex, hrsg. v. Ernesto Foglio), San Benigno Canavese/Turin 1898–1948.

Stella, Pietro: Don Bosco (Vol. I: Vita e opere, Vol. II: Mentalità religiosa e spiritualità), PAS-Verlag, Zürich 1968/69.

Weiterführende deutschsprachige Literatur

Bosco, Johannes: Erinnerungen an das Oratorium des hl. Franz von Sales von 1815 bis 1855, Don Bosco Verlag, München 2001.

Bosco, Teresio: Don Bosco. Priester und Erzieher, Don Bosco Medien GmbH, München 2010.

Gesing, Reinhard (Hrsg.): „Mit der Liebe!" Der „Rombrief" Don Boscos und seine Bedeutung für die Pädagogik und Jugendpastoral heute, Don Bosco Verlag, München 2009.

Ghiberti, Giuseppe: Don Bosco begegnen, Sankt Ulrich Verlag GmbH, Augsburg 2005.

Stella, Pietro: Don Bosco. Leben und Werk, Verlag Neue Stadt, München 2000.

Der Autor

P. Anton Birklbauer SDB (1928–2006), Studium der Philosophie und Theologie in Graz und Benediktbeuern, 1963 Priesterweihe, danach Erzieher und Direktor mehrerer salesianischer Einrichtungen in Österreich. Ab 1980 tätig als Schriftleiter der „Salesianischen Nachrichten" in Wien (heute „Don Bosco Magazin") und von 1984 bis 1999 Beauftragter für die Salesianischen Mitarbeiter Don Boscos in Österreich.

Abbildungsnachweis

Titelfoto, S. 43, 76, 83, 89, 91: © Generalat der Salesianer Don Boscos, Rom (www.sdb.org)

S. 11, 18, 58, 64, 75, 80, 98: © Don Bosco Medien GmbH/Gregor Gugala

S. 23, 25, 26, 30, 36, 47, 69: aus: Guida ai luoghi Salesiani, Leumann (Turin) 2000, © Editrice ELLEDICI, Leumann (Turin)

S. 56: © www.donbosco-torino.it

S. 65: © Josef Weber

S. 103: © Fondacion Don Bosco, Nice

Damit das Leben junger Menschen gelingt

Das Anliegen Don Boscos, die jungen Menschen ernst zu nehmen, ihre Nöte und Bedürfnisse zu sehen, ihnen eine Stimme zu geben und eine Möglichkeit, ihr Leben selbst zu gestalten, ist auch heute wichtig: für Sozialprojekte in Berlin, Köln und München genauso wie für die Bildungsarbeit in Afrika, Asien oder Lateinamerika.

Die *Salesianer Don Boscos* und die *Don-Bosco-Schwestern*, die zwei von Don Bosco gegründeten Orden mit über 30.000 Mitgliedern, setzen sich, zusammen mit ihren haupt- und ehrenamtlichen Mitarbeiterinnen und Mitarbeitern, auch heute weltweit an sozialen und humanitären Brennpunkten in 132 Ländern der Erde dafür ein, dass junge Menschen die Chance auf eine gute Zukunft bekommen.

Ihre Arbeit hat viele Gesichter: Ob sie behinderten und sozial benachteiligten Jugendlichen eine Ausbildung ermöglichen oder junge Flüchtlinge auf ihrem Weg in eine Zukunft begleiten, ob sie in Wohnheimen Auszubildenden ein Zuhause geben, in Jugendbildungsstätten mit Mädchen und Jungen über den Glauben und ihre Zukunft sprechen oder junge Menschen auf ihrem Berufungsweg begleiten: Sie sind da zur Stelle, wo junge Menschen besondere Hilfe benötigen – damit ihr Leben gelingt.

DON BOSCO

Informationen zur Arbeit der Salesianer Don Boscos und der Don-Bosco-Schwestern in Deutschland, Österreich und der Schweiz erhalten Sie hier:

Deutsche Provinz der Salesianer Don Boscos

St.-Wolfgangs-Platz 10
D-81669 München
Tel.: +49 (0)89 48008-421
Fax: +49 (0)89 48008-429
provinzialat@donbosco.de
www.donbosco.de

Deutschsprachige Provinz der Don-Bosco-Schwestern

Schellingstraße 72
D-80799 München
Tel.: +49 (0)89 381580-163
Fax: +49 (0)89 381580-28
provinzialat@donboscoschwestern.net
www.donboscoschwestern.net

Österreichische Provinz der Salesianer Don Boscos

St. Veit-Gasse 25
A-1130 Wien
Tel.: +43 (0)1 87839-522
Fax: +43 (0)1 87839-27
provinzialat@donbosco.at
www.donbosco.at

Jugendwerk Don Bosco

Don Boscostrasse 29
CH-6215 Beromünster LU
Tel.: +41 (0)41 93211-00
Fax: +41 (0)41 93211-99
jugendwerk@donbosco.ch
www.donbosco.ch

Weiterführende Literatur zu Don Bosco

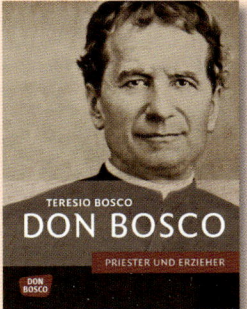

Bosco/Schepping
Don Bosco. Priester und Erzieher
4. überarb. Aufl., München 2010
ISBN 978-3-7698-1803-1

Gesing/Lechner/Hillebrand (Hrsg.)
**Annehmen, vertrauen, ermutigen.
Wie Don Bosco junge
Menschen begleiten**
1. Aufl., München 2014
ISBN 978-3-7698-2125-3

Piotrowska
**Don Bosco. Ein Heiliger
für die Kinder**
1. Aufl., München 2013
ISBN 978-3-7698-1962-5